叶明桂 著

如何把产品打造成有生命的品牌

跟广告鬼才叶明桂学品牌的技术与艺术

中信出版集团 · 北京

图书在版编目（CIP）数据

如何把产品打造成有生命的品牌：跟广告鬼才叶明桂学品牌的技术与艺术 / 叶明桂著 . -- 北京：中信出版社，2018.2（2025.5 重印）
ISBN 978-7-5086-8373-7

I. ①如… II. ①叶… III. ①品牌战略－研究 IV. ① F273.2

中国版本图书馆 CIP 数据核字（2017）第 287087 号

如何把产品打造成有生命的品牌——跟广告鬼才叶明桂学品牌的技术与艺术

著　　者：叶明桂
出版发行：中信出版集团股份有限公司
（北京市朝阳区东三环北路 27 号嘉铭中心　邮编　100020）
承 印 者：河北鹏润印刷有限公司

开　　本：880mm×1230mm　1/32　　印　　张：7.75　　字　　数：120 千字
版　　次：2018 年 2 月第 1 版　　印　　次：2025年 5 月第15次印刷
书　　号：ISBN 978-7-5086-8373-7
定　　价：42.00 元

服务热线：400–600–8099
投稿邮箱：author@citicpub.com

献给我的儿子叶子生，

一个最善良的人。

目　录

Part 3 / 一些谣言与真理

Part 4 / 一些工作既快乐又成功

Part 5 / 一些领导之道

附　录

推荐序一

宋秩铭（T.B.）

奥美集团大中华区董事长，WPP 集团大中华区董事长

整合基础源自品牌内涵的清晰

这是一本非常具有实战价值的品牌建立手册，兼具理论价值及实践指导意义。对想建立品牌的企业及品牌代理商的从业人员都有益处。

阿桂与我一起工作将近 40 年，可以说我们是一起进入这个行业，一起成长，一起互相学习的。

他历经业务、策划、管理的角色，最终走上策划专业之路，现在已经到了炉火纯青的境界。大概现在已经没有什么品牌问题，是他解决不了的（除了收费太少）。

奥美一直是一家以品牌专家自居的公司，随着时间推移，始

终保持品牌理论的与时俱进。阿桂总结实践经验，精进并简化奥美的方法论，写就了这本易读、易懂的小书，在此特别感谢阿桂的良苦用心。

品牌建设在这个数字年代经常受到挑战，但我认为，受到挑战的是建立品牌的方法，而不是原则。

在这个越来越复杂的环境之中，一致而持续的品牌建设显得越来越重要。奥美经常面对客户整合营销传播的需求，事实上，整合的基础一定是源自品牌内涵的清晰，如此才能落地整合。这个重要性是每个企业管理者及相关从业人员必须清楚的。

再次谢谢阿桂的良苦用心。

推荐序二

庄淑芬

奥美集团大中华区副董事长，WPP 集团台湾董事长

也是经典

——说三道四论阿桂

这是一个非常奇特的广告人，跟他见过一面，你就很难忘记他，除非他当下不言不语，或者你没有机会和他当面互动扯上几句。

关于他的“特异功能”可以洋洋洒洒列出一张清单，至少这是我从爱看的警匪侦探电影中所学到的皮毛观察——不过因为我认识他长达 30 年以上，近 10 多年因为我不在他身旁，所以他如有行事作风的改变——恕我不负责，我以下所述是记忆中经典版的叶明桂。

1. 拿肉麻当有趣——在阿桂的认知中，我是他人生第一个老板，说不定也是最后一个老板。我连摇头否认的机会都没有，他逢人就告诉对方，无论客户或非客户，包括毫不相干的张三李四，我就是以这种“崇高地位”出场。随着见多识广后，他的肉麻 2.0 就是进阶为拍马屁，拍得再自然不过，过去连我那年迈的母亲都笑得合不拢嘴，说他是天生拍马屁大王。各位放心，普罗大众都是他拍搭的对象。

2. 纤细体弱多毛病——他的外表自备掩盖和伪装的功能，尤其阿桂又高又瘦，天生萎靡不振的长相让对手容易轻敌。一位和他相知甚深的客户——马来西亚籍的苏盈福就说阿桂活像“吃白粉”的。以前阿桂头皮屑很多，散落在他黑外衣的双肩上——没错，爱用脑的阿桂特爱穿特制的黑色中山装，加上长年老烟枪的习性，沧桑的大叔形象浑然天成。当你以为此人不堪一击时，却发现他铆足劲儿专注工作时，精神百倍，说话有点啰唆，却又幽默诙谐，火力十足。只此一家别无分号的叶式风格，完全无法平行复制。

3. 七封信写传奇——阿桂进入这一行时，本来想做文案，后来改而应聘 AE（客户经理），一连写七封信给当年是主考官的我。他的热情执着让人感动，其实就是活用邮件推送（direct mailing）的技巧，文字简约、直白，有勾人的创意。我拿着七封信说服大家引他入门，老板当然要求我负责“照顾”这位看起来瘦弱不堪的新人。接着他出国念书，学成归国，换成当时已在另一家公司的我写信说服他加入新团队。说实在的，我们一直不确定他的硕士学历，奥美大中华区董事长宋秩铭（T.B.）和我就开过他的玩笑——阿桂：你有毕业证书吗？阿桂回答说：那家美国大学后来倒闭了！于是，他的海外学历至今成谜无法验证。

4. 福尔摩斯的观察力——虽然在下阅人（包括国内外友人）无数，但像阿桂一样具有专业侦探般洞察力的人，在行业中却是屈指可数。他常常发挥创意把许多或相关或不相关的“点”连成一片，他通常选择用文字表达自己的独特观点，时而也露一手以图示意。见微知著、声东击西，就是形容他这种人。挽起袖子启动作业时，只见他的“三部曲”——不嫌烦地问东问西，直到大家东倒西歪；翻来覆去热烈讨论，搞得大家筋疲力尽；正当众人因为思路打结即将“撞墙”时，阿桂以牧童遥指杏花村之姿，一语中的点出策略曙光。除了策略思维，当过总经理的阿桂，业务执行力也是一等一的，熟谙经营客户之道，也擅长用情感绑定客户，称得上业界为数不多的多功能专业人士。

5. 把简单变复杂的能耐——平时为人低调，近年来趋向寡言的阿桂，以独有的思考模式行走江湖，他就是我认定的“把简单变复杂”的高手。举例说明，有一回，我要准备演讲，主题和冒险有关。如同以往，我询问阿桂的意见，只见他不疾不徐，像训练手下策划人员般，冷静地说："请你先写出从小到大冒过的险，至少 50 件，然后我们再讨论。"啊？我心中暗想：不过是一场演讲，需要这么复杂吗？当即有点后悔何必多此一举问"大师"；不过我还是二话不说，乖乖地写出几十件我自以为是冒险的事情。再经过他毫不留情地筛选，终于浓缩而成一段有声有色的冒险历程，后来那一场演讲相当成功，我衷心感谢阿桂把简单变复杂的功力，协助我把故事说得动人。话说回来，当"大师"不小心运用这项能力在平日与人的沟通时，我总是提醒他说重点，生怕本来简单不过的事，被他的思维方式搞复杂了。

6. 善良厚道，畏惧冲突——归于此类的男人一箩筐，阿桂是该品类中的佼佼者。耐心、耐力、耐折腾的特性，配合水瓶座的创意能量，当面对因为利益无法避免的冲突时，他左右脑并用的说服技巧就施展开来，有时候我难免觉得有落入"巧言令色"陷阱的嫌疑，幸好他单薄的身影和本性善良的动机，经过他的解说，对方总是抱持"坦白从宽"的心胸，一笑泯恩仇。长年一起工作，阿桂最受不了我在餐厅里，一旦有所不满，就提出如何改进的要求。如果那时地上有洞，他就一定当驼鸟躲进去，幸好台湾人本性善良，我一点都不担心现场餐点"被加料"，但我的举止行为也够阿桂“香菇蓝瘦”[1]了。

7. 勤俭持家好男人——在广告创意圈里，阿桂无疑是近乎绝种的稀有动物。虽然口头上他总是想要当个犹如 007 美女环伺的大男人，事实上，他言行不一，对于青梅竹马的贤妻阿珊所说的一切，阿桂的基本原则是言听计从、使命必达；当夫妻之间沟通时，他“不小心”告诉阿珊请她讲重点时，贤妻板起面孔训斥：“我是你老婆，不是你部下，老公就是要听老婆完全没有重点的啰唆内容。”辛苦了，稀有动物！难能可贵的是，阿桂也是好儿子、好哥哥、好爸爸，基本上，专业生活横跨两岸，个人生活以家为本，看起来好像没有太多个人娱乐休闲活动。

这样的阿桂有点无趣是吗？不过，当他抬头挺胸、吐沫横飞地讲故事时，听完的人没有一个不被他迷倒的，他们纷纷心想：这是一个多么有趣的广告人！

真相如何？天知道。

衷心的祝福

以上所言，刻画出了我心目中的阿桂，虽然对想成为“万人

① 南方俗语，指想哭、难受。——编者注

迷”的阿桂，角度切入可能不太对。留点想象空间吧，哪一个男人不希望成为“万人迷”？阿桂只是勇敢地说了出来——他在乎别人喜欢他。

最后，我要恭喜阿桂出书！一位深信品牌的资深广告人，一位奥美创办人大卫·奥格威所谓的“永远的广告学生”，终于集其毕生所学、所练、所感的力量，把他呕心沥血的大作公之于世。我告诉阿桂：这本书犹如广告人的奋起之作，在数字媒体称霸全球的时代，为品牌说话，也为广告不平则鸣！

余音缭绕，不绝于耳，经典阿桂，就是如此。

自　序

人生的故事，在于你遇见了什么人和什么书

这 20 年来，我曾帮许多书写过推荐序，今天终于要写篇自序了。我在奥美广告工作超过 30 年，这是一家非常优秀的广告公司，因为这是一个不断追求创新突破的学习型团队。而我也与时俱进，不断努力学习，30 年日积月累，我从广告业的学生成长为传播界的老师。而这本书正是 30 年执着创新的结晶，一个老师傅的精华。

对于此时此刻正在阅读的你，花费不菲的价钱买这本书，绝不吃亏，必不后悔。如果您是传播界的同行，若没阅读这本书，您将可能被读过的同行超过；如果您是营销界的人士，若拥有这

本书，您将比同行多了一些相关知识；您若是个商人，可以借此书萌发一些推广商品的点子；您若是开店的老板，无论是咖啡馆，还是红茶店，这本书将教您如何差异化定位，打造属于自己的品牌。

这本书更适合目前正从事数字营销传播工作的人，借此您将脑补大多数的数字传播工作所需要加强的品牌专业知识；这本书也适合父母买给快毕业的大学生，借由是否乐意阅读这本书来测试他是否喜欢传播这个行业。我遇到许多不同行业的客户老板，他们不约而同地安排他们的小孩来广告公司实习，因为他们明白在广告公司里所学到的东西，在进入社会之后，无论在哪一行工作都能受用。然而，这本书对一般家庭主妇应该没有太大帮助。

这是一本为数不多、国内原创的创意营销专业书，大部分类似的图书多为引进版。而且许多内容都只是引用大量国外案例和研究报告，废话不少，独到的观点很少。而这本书不但来自本土而且含金量很高，值得您买一本放在书架上，让您的收藏更齐全。

以上的自我推荐尽管很不像一般的序文，但谁让我是个地地道道的广告人呢！

在此我感谢两个人：宋秩铭（T.B.）与庄淑芬（Shenan）是我生命中的贵人，他们是我的老板，录用我，提拔我，给我机会，给我舞台。

饮水思源：因为加入这个卓越的团队，我才有了职场上精彩的故事，也因此才能够有所历练，有点学问，并写了这本书。

人生的故事，不在于你遇到了什么事，而是你遇见了什么人。

今天，你——遇见了这本书。

Part 1

一些好故事

有一家，左岸咖啡馆

——美丽来自解决最真实的商业课题

巴黎塞纳－马恩省河畔到底有没有一家“左岸咖啡馆”？这不重要，重要的是，消费者相信真的有。

左岸咖啡馆的故事，从一个告示牌开始。

台南统一公司会议室的门上设计了一个玻璃框，方便会议室外的人通过小黑板字幕的挂牌，通知正在开会的人“外面有人找”。

那天，我看见门上挂出“找奥美叶协理”的字样，就从统一会议室走了出来，原来是乳品部的部长杨文隆经理找我。他说：“统一的饮料大部分都通过利乐包的包装卖出，可是人们预期利乐包的价格是每包10元[①]，再高就卖不掉了。”我心想没错儿，我

---

① 此处指新台币，如无特殊说明，本书中涉及的价格表达都指新台币。——编者注

接的上一个商品案子——一种儿童健康饮品，含有18种维生素与矿物质，才卖12元一包，依然不好卖。杨经理接着说："如今制作成本越来越高，但是利乐包只能卖10元的魔咒却无法打破，这样下去我们的毛利将维持不了原有的水平，于是我们找了一个新的包装。"杨经理拿出了一个貌似麦当劳外带饮料杯的白色塑料杯，接着说："我们想将饮料装进这个杯子，改卖25元！"

于是我接下了一个新案子，开始新的任务：

将售价10元的东西涨价为25元，传播的任务就是为产品注入15元的溢价。

这就是一个很好的商业课题范例。我经常接到的任务指示——"如何扩大生意？""达成销售""提高知名度""增加好感"等，都是些没有意义的废话，都不是真正的商业课题。任何一家商业机构或是公司行业，如果不知道自己的生意应该从哪里来，那么，这家公司的股票千万不要买，这家的营销人员也不值得你挖墙脚，因为他们连做生意最基本的规则都不懂。如果一家公司只有财务目标，却没有生意策略，而将自己最基本的功课寄希望于顾问公司或广告代理商来代劳，这样做不但不负责任，也是很不实际的想法。然而大部分的代理商为保有生意，经常自我欺骗地夸大自己在营销上的能力，并且美其名曰"以消费者为导向"的营销思维。

就来卖咖啡吧

左岸咖啡馆这个产品，因为始于**一个真实又具体的商业课题，才能将所有营销与传播的想法和做法聚焦于最重要的使命：**如何让这个包装放在货架上，价值25元？根据这个商业课题，我开始展开一连串的后续行动。首先，应该选择什么产品类别，放进这个杯子来建立这个包装的起跳行情？

我考虑过鲜乳、果汁，甚至啤酒、红酒，但是最后我选择了咖啡。因为酒精类需要被完全地密封起来，而咖啡的价格往往具有较大的弹性空间，一杯现磨咖啡可以卖20元，也可卖200元，大部分人辨别咖啡好坏的能力比较薄弱。于是，咖啡类饮品比较可能因为形象而左右定价。

接着我们做了一个目的明确的调查研究。大部分的调查工作缺乏足够的假设，以致调研工作结束时，不但没有形成结论，也难以得到足够的启发。但我的调研主轴十分明确：检视产品各种不同的形象对价格的影响力，例如，什么颜色的包装最能让你获得高级感？我学习到的不是白色，不是黑色，不是咖啡色，而是深蓝色。可惜这一点没有被当时的客户同意，客户觉得咖啡就应该用咖啡色才合适。事实上，运用文字逻辑所引申的相关性是最具误导性的，我测试得出的深蓝，后来被贝纳颂咖啡采用了。我猜味全并没有专门研究包装颜色的选择，而是凭直觉进行决断，猜中了最适合包装咖啡的深蓝色。事隔多年，贝纳颂的成功上市威胁到了左岸咖啡馆的生意，我对当时客户没有坚持采用深蓝色包装一事，耿耿于怀。

同时，我也测试了 4 个品牌故事的原型：以下哪一杯咖啡，你愿意出最高的价钱？

1. 一杯日本精品咖啡店的招牌咖啡。
2. 一杯英国首相官邸宴会的咖啡。
3. 一杯航空头等舱贵宾专用的咖啡。
4. 一杯法国巴黎哲学家聚集的咖啡馆的咖啡。

答案是 4，来自法国塞纳 – 马恩省河左岸某一家许多哲学家喜爱光顾的老咖啡馆的那一杯咖啡最值钱！于是咖啡馆的品牌原型就是根据一个明确的商业课题，通过与消费者对话确定了下来。至于“左岸咖啡馆”的名字，当时听说某一位统一的高级主管对“左岸”这个词有意见，他认为应该改为“右岸咖啡馆”，因为台湾地处海峡的右岸，显然他的忠告没有被营销与广告团队接受。没有强迫我们一定要接受他的意见，是他伟大的地方。我发现一流领导者的魅力，通常不是来自他的表达能力，而是他的倾听能力。

为了让左岸咖啡馆非常“法国”，借此满足因为许多消费者“崇法”而取得高价位的形象，我们特别赞助法国驻台代表处在台举办的“法国国庆的慈善义卖”活动。在五星级酒店的大厅，你看到各家赞助厂商的义卖摊位，有法国香水、法国化妆品、法国服饰，还有法国贸易、法航，全部都是法国货，只有一家“Le café 咖啡馆”是连法国人自己都没听过的咖啡馆。然而，现场的嘉宾都不疑有他，只能怪自己不够博学多闻。话说法国国庆当天，我们也在国际电台投放了广播广告，庆祝法国国庆，同时我们也与法国商务领事合办了好几场法国电影展。总之，左岸咖啡馆需要法国血统，需要法国的基因来为我们的高价加持。

让它成为一个品牌平台

左岸咖啡馆是一个具有品牌概念的平台，应该是当年最先进的传播理念，我当时就特别强调左岸咖啡馆是家咖啡“馆”，而不是咖啡产品，我们利用咖啡“馆”这个概念平台，更精准的描述是法国塞纳–马恩省河左岸的一家文人会集的咖啡馆，用这个概念平台来打造品牌，并且借由这个概念平台来延展我们所有与消费者接触的点子，不仅是广告，而是全方位的营销传播。近两年，数字媒体逐渐取代传统大众传播媒体，就着这个趋势，全世界都在热衷推行所谓的“平台 idea”，其实我早就率先身体力行，只不过当年没有现在这么多包装过的专业术语罢了。

由于品牌的平台是咖啡馆，所以当时我根据咖啡馆这个平台来规划左岸咖啡馆未来的产品延伸，我意识到，咖啡馆的菜单正是最佳的参考。一般法国咖啡馆内贩卖的饮料与点心，就是左岸咖啡馆可以出品的产品项目，为此我特别请当时的媒体界大佬——陈韦仲，趁着媒体协会前往巴黎参观访问之际，为我“偷”来将近10本法国咖啡馆的Menu（菜单），以及无数的店内制作物（借此再度感谢他）。

我向统一建议：跟随左岸咖啡馆的成功上市，我们要陆续推出左岸干酪蛋糕、布朗尼、左岸冰激凌、左岸茶系列，让左岸咖啡馆成为跨部门的品牌，让统一面包、统一冰品、统一饮料部共同拥有这个品牌，共同投入广告预算以提高左岸咖啡馆的市场知名度，扩大左岸咖啡馆的品牌影响力。我的提案获得统一执行副总颜博明的赞成，后来左岸咖啡馆前后出品了焦糖布丁及轻干酪蛋糕。

有了品牌概念平台，也能带给我们营销上的启发。我建议颜博明可以在超市设立一个小冰箱，作为左岸咖啡馆的专用冰箱，将冰箱装饰成一个店中小店，并赋予其一种美学意味。左岸咖啡馆的杯装咖啡、奶茶、干酪蛋糕、冷藏布丁，甚至冰激凌都放在这个小冰箱，用寄卖的方法，一方面增加渠道通路，一方面也强化“来自法国”的左岸咖啡馆授权统一在台销售的品牌故事。

这个咖啡馆的平台设计，在我记忆中也是最能帮助创意伙伴发现创意的最佳简报，我对我的创意团队说：“我们现在不是在卖咖啡，我们是在经营一家咖啡馆。”于是我们在思考时所处的创意空间，不仅是不同的，而且是更大的，这让我们的整个工作过程变得更有趣，更有意义。

为了让左岸咖啡馆更加“法国”，我曾经有一个假戏真做的点子：就是在法国登记一个官网账户，这样我就有了一个以“fr”结尾的网址，当你登陆了这个的官网，你会看见整页一般人都看不懂的法文，只有角落里有你看得懂的两个字：“中文”，你点击“中文”就可以看到一个正常的左岸咖啡馆的官网内容，展示着左岸咖啡馆的品牌故事与产品系列，同时也提供了各种游览巴黎的旅游札记与游玩指南。如果你心有怀疑或毫不死心地去查了首页的法文内容，你会得知首页的法文是一篇通知本官网正在改版修建的道歉启事。**塑造品牌，必须全力以赴，任何细节都不放过。**

为产品注入灵魂

左岸咖啡馆成功上市之后，我们曾经做过几场有关品牌检验的消费者座谈会，八九个左岸的忠实使用者聚在一起分享他们热爱左岸咖啡馆的故事。座谈会的最后一题是：“你相信世界上有这么一家左岸咖啡馆吗？”所有的受访者都被这个突然的问题问住了乃至愣了几秒，心想着：难道没有？聪明的消费者最终还是明白过来，原来这是个营销故事。然而，其中一位受访者开口说："我希望有！"

你相信世界上真的有圣诞老人吗？我希望有，因为如果没有圣诞老人，那么这个世界将会少很多快乐，这个世界将不完美。左岸咖啡馆也是人们心目中理想的咖啡馆，人们在这个可以信手拈来的幻想中孤独地享受，享受孤独。

好的广告可以为产品注入灵魂，让人们在享用产品时多一分想象，增添享受的情趣，借此增加产品的价值，这就是品牌的价值，这就是看似没什么不同的产品却可能卖更高价的原因。

我做左岸咖啡馆 4 年，从来没有去过巴黎，直到那年，我被派去法国，前往大卫·奥格威的家，一座位于巴黎郊区中古世纪的城堡，参与一个如何改良奥美全球策略模块的研讨会。因此，我才有机会去到巴黎，见识塞纳－马恩省河左岸那些文人会聚的古老咖啡馆，也就是左岸咖啡馆品牌故事的原型。话说回程时，我坐在戴高乐机场候机楼的角落，隔壁两排候机椅被一群说话夹杂台语、穿着名牌服饰的台湾贵妇霸占着，她们高谈阔论，我在旁边听见："这家左岸咖啡馆真难找，昨天找了一个下午都没找到耶！""哎哟，就在邮局右边第二间，那就是左岸咖啡馆啊！"听到这里，我觉得这是我人生中最得意的一刻。

左岸咖啡馆，虽是团队合作的结晶，不过胡珮玟是第一支广告的倡议者，没有她，就不会有左岸咖啡馆的诞生。同时，我也怀念左岸咖啡馆的第二任创意总监刘继武，他所写的左岸咖啡馆的文字仿佛是一篇又一篇才情满溢的短篇小说。接任继武的是他的子弟兵钟伸与卓圣能，他们将左岸咖啡馆发扬光大，不同的年代、不同的创意团队却拥有一致的品牌个性与风格，这就是品牌管家的职责所在，即使不是自己的原创，也要遵守既定的策略，维持品牌个性，保持品牌风格，让品牌能真正被人们识别，并且认知。建立品牌看似简单，其实最困难的就是坚持一致性，而最容易打破品牌一致性，也是最有力的说法，就是所谓的“品牌应该与时俱进”，这其实是个似是而非的误导。就像人的性格一样，品牌的个性与风格从小到老不会改变，只是它所做的事情必须随着成长，跟着时代有所不同。

左岸咖啡馆的品牌个性是像一个嘉义女中诗词社的社长（一个小城市的好学生，没有见过大世界，全凭想象），正值少女不知愁的年纪，却有多愁善感的个性；左岸咖啡馆的品牌风格则是民国初翻译小说的语气，黑白摄影时代的视觉作品与古典音乐的混搭，五四运动中的东方人遇上 19 世纪的欧洲音乐家，一种真正东西文化交流的新感觉。

从一支好广告到一个真正的品牌

我创造新的品牌的秘诀就是，一定要给品牌一种前所未有

的新鲜感觉。这种新感觉就是将两三种极端的元素重新融合，借此创造一种新的作品风格，也只有够新鲜的感觉才能快速有效地切入市场，切进消费者的脑海与心灵。全联福利中心的广告也是一个很好的例子，全联品牌的个性如果只是一个老实人的话，绝对不够，必须是“过分老实”的性格才会在聚杂的声浪中脱颖而出！

那天，我和创意团队同车前往台南统一提案，路上我问刘继武（当时的执行创意总监）要了我们这天将要提案的电视脚本文案，我看完就说：“这果然是继武的文采，但这是一个真正哲学家的文笔，不是一个嘉义女中诗词社小女孩的作品，我觉得创意人员不应只有一种属于自己的风格笔触，专业的创意文案应该可以投入各种不同角色的小宇宙，写出不同风格的东西吧？”大概觉得我的直言直语侮辱了他的专业能力，继武给我看了一下他的草稿笔记，他说：“为了今天的提案，我已经写了 50 篇文案，你看看这张是不是你要的？”说着抽出一张文案稿纸给我，我拜读之后连声称赞：“就是这一篇啊！”“没想到你这大男人也能写出小女孩的东西啊！”然而继武坚决不提这种他认为肤浅的文案，我尊重他的决定。后来继武那支才华洋溢的广告片并没有引起反响，推出两周就被撤下，旧广告继续播放。

继武不要的文案被我拾起，显眼地贴在我这总经理办公室的墙上，直到继武离职向我辞行的那一天，他坐在我办公桌前，指着墙上那张我十分推崇的文案，说道："请把这张文案拿下来吧！我每次经过看见它，都觉得是种耻辱！"我明白他也明白了。7年后，因为拍片预算紧缩，只能剪接旧片上映，我又强行推销了这篇古老的文案，广告上片之后不久，继武从北京打电话给我："我看到了左岸咖啡馆最新的广告片，你真是不死心啊！"

许多富有创意的想法，甚至策略的妙计，虽然当时的客人没买单，我们只能将之放进抽屉，五六年后却可能被另外的客户买走，将之发扬光大，并因此赚了大钱。

例如，全联福利中心的"什么都没有，所以只留给你真正需要的"的概念，应是我在接全联的案子之前两年，针对一个定位于"方便实惠"的方便面，我曾经提过的概念。当时的想法是我们省下过度包装成本、印刷费、广告费，给消费者最实惠的一碗快餐桶面，然而这个新品后来没有上市。在聆听全联董事长介绍全联时，这个"什么都没有才好"的想法立刻回到我的脑海，成为全联的第一份创意简报，也就此开启了全联的成功坦途。

我对左岸咖啡馆最大的贡献，就是将一支好广告发扬光大为一个真正的品牌。而大部分的人不懂得如何去粗取精地打造一个可持续的广告主轴，大部分只是盲目追求富有变化的全新广告，大部分的人不懂得如何让客户了解延续一个广告主轴的重要性，大部分的人不相信唯有保持一致的风格和语气才能将产品拟人化成一个有灵魂的品牌。当左岸咖啡馆真正成为一个品牌时，就能顺利解决原始的商品课题："如何让产品溢价！"

如今，左岸咖啡馆，仍在货架上好好地活着，即使将来我退休时，甚至过世时，左岸咖啡馆将依然存活。

在这个世界上，左岸咖啡馆完整了我在这行的经历——从无到有，打造一个真正有魅力的品牌，让我在广告这行不虚此行，如同留下永恒的纪念碑。

同场加映

2011 年，我和当时奥美中国的训练总监 Sandy（桑迪）来到广州最红火的创意广告公司英扬传奇讲课，这是配合公司并购进行前的一项友好相亲敦睦之类的活动。会后，豪爽的创办人 Ruby（鲁比）带我和 Sandy 一游她平日吃晚餐的小店。小店里的木制装潢保持着一种低调的高品位。菜还没上来就是三杯烈酒，就是要先干为敬的豪迈情怀。Ruby 给我和 Sandy 倒了第二杯烈酒后，就对 Sandy 说："待会儿我要对桂爷说的话，你可不要介意，那是我的酒后真心话。"Sandy 还未回神，Ruby 就猛一回头对我说："桂爷，你是我们的偶像啊！"我心想当她说的是客气话。没想到这也被她看了出来，她用很镇定的口气对着我说："我在厦门大学传播系念书的时候就在研究什么是真正代表中华文化的广告，那时我们大陆的广告太落伍，于是我转向香港地区和新加坡取经，结果发现都是洋气十足、完全西化的思维，做中文广告唯有您的左岸咖啡馆的案子和许舜英的中兴百货是我们系上集体观摩的个案，是中国真正的好广告，新加坡和香港的广告已经没有中国的味道。”

一支从来没有在中国大陆播放的广告竟然可以流传至东北地区，也令我感到十分讶异。那天我到了阳光嘉信，也是一家并购公司演讲，课堂上 100 多人本来对我这看似声音软弱无力、行动散漫的老师有点不敬的怀疑，直到我介绍左岸咖啡馆的案例，100 多个学生眼睛都亮了起来，甚至下课排队纷纷要我在他们的笔记本上签名。原来左岸咖啡馆那种特殊混搭的笔调，有点文学、有点哲学的文青味道，吹起整个东北广告界模仿之风的广告风格与语气，长达三年之久，仍未结束。检视一个广告是否成功，最直接的标准就是是否被人模仿。

全联奇迹

——做对了就不要乱改的策略洞察

当我们无意中找到了一个成功的广告按钮，千万不要移动。因为继续这个广告活动将会让你的收款机响个不停。

一个好作品，往往来自开始。

全联福利中心的第一次工作简报是由全联董事长林敏雄亲自说明，地点是在他建设公司的办公室，而不是在全联的会议室。当时只有董事长一个人与我和另外两位奥美伙伴：一位是唐心慧，她爸爸是董事长的朋友，这个生意是唐心慧引见的；另一位是李景宏，刚升上来的总经理，也是我过去的最佳智囊。一开始林董事长并不是循规蹈矩地介绍他的商业课题，而是有点抱怨地聊起经营全联的辛苦，由于利润很薄，他必须到处省钱。

“7-ELEVEN 都是开在十字路口，我们的店都是开在小区的巷内，而且没有停车场，就是要省下租金；一般超市天花板都会装 X 支日光灯，我们只能安装 Y 支灯管来省钱；一般超市的走道宽度有 A 米，我们的只能有 B 米以节省空间……”其实他要表达的是，全联福利中心在民营化之后，为了要在竞争激烈的环境中继续保有福利中心的价格竞争力，必须锱铢必较，每分钱都不能浪费。

我听着听着就想起了两年前为统一上市一款物超所值的平价泡面，当时提案的一个策略故事，故事原型是“我们省东省西，就是要给你实实在在的一碗面”。所以该泡面的桶装包装没有彩色，只有黑白印刷，连油墨都节省了；平面广告都是买最小的版面省下广告费……能省的都省，就是不省真材实料，给消费者物超所值、便宜实在的好面。当时命名“超级面”，定位为可以取代正餐的快餐面。还好，当时这个商品因为怕上市后，被消费者当作正餐导致营养不足，而停止继续开发。不过策略原型被保留下来，转而在全联的平台发扬光大，成为台湾近年来传播促进销售的最佳案例！

话说，听完林董事长的“苦经”之后，回到公司，我在三楼电梯旁的抽烟室里遇到了李景宏，很有默契的是，他也想到了“什么都没有”才是最便宜、最好的支持点。所以我们一拍即合，第二天就找了策略及创意团队来简报，当时的执行创意总监胡湘云与现在的执行创意总监龚大中，也认同。业务陈婉瑜与创意总监 Jeffrey 和施淑芳根据这个“全联什么都没有”的概念，又去追问客户还有什么“不如人”的地方。后来知道，全联正打算改用石英砖换掉原来陈旧的地板，我们连忙建议暂时先不用换了，这些所谓“不如人”的地方，正是支持全联没有什么成本可以转嫁到消费者身上的证据。

这个“什么都没有”的策略背后有一个消费者洞察：“羊毛出在羊身上”、“天下没有免费的午餐”。所有成功策略的根据，一定有一个显而易懂的人性洞察或消费心理，全联的广告片主角是一个老实憨厚的平凡人，很直白地介绍全联福利中心没有明显招牌，没有宽阔走道，没有漂亮制服，没有美观的地板，没有停车位，没有刷卡服务，只有实实在在的便宜。

相信专业的好客户

这个广告上映后，立即成为人们讨论的话题，人们觉得很意外，怎么会出现如此自曝其短的广告宣传？上片不久，甚至全联内部也出现了担心的声音。开会时，我就直接问了林董事长觉得这个广告片如何？他说前两天他去参加一个社交晚宴，遇到一位女士对他说：“董事长，你们怎么上了这么一个好土的广告片啊？”他就问她：“那么，你回忆这三个月来有没有记得什么广告？”她想了许久才回答：“我想不起来，就只记得你这个好土的电视广告。”他回答她：“那就表示这支广告是很成功的啊！”有了林董事长的肯定，我心里非常高兴，而广告也在继续播放着。

我觉得林董事长真是个好客户。什么是好客户？就是知道自己要什么，知道自己不懂什么的客户。知道自己要什么的人，才会给代理商一个明确的商业课题；知道自己不懂什么的人，才会相信专业，并且懂得如何运用专业。我们这10年来提了许多创意给林董事长，而林董事长最常有的回馈是“这个创意我看不懂，但我相信你们”，或是“这个广告怪怪的，但我相信你们”。就是他这种相信专业的态度，让奥美的团队更加努力，追求卓越的专业水平。

全联的第一支广告上片之后，很快就成为当年最红的广告，客户很高兴地在一次开会之后，拿了许多笔记本送给我们，我们一看这些笔记本全是由不同的厂商印制的，比如：宝碱、联合利华……实在真省。时间过得很快！就到了第二年要制作新年度的广告片时，于是全联和大部分的客户一样，期待一个全新的脚本，希望能够再创高峰。

然而，我向全联讲了这样一个故事：

“几年前，柏青哥这个游戏从日本流行到台湾，我身为广告人，对于流行的事物，总是需要去尝试、探索与了解。于是我和几个要好的同事就去了一家林森北路上规模不小的柏青哥店。对着游戏机，我是完全不懂怎么玩，只能看着旁边的客人，跟着有样学样。我投下游戏币转动旋钮，投了几回，忽然机器铃声大响，闪灯乱转，机器内的铁球不断滚了出来，我吓了一跳，不知道怎么回事，难道是我把机器弄坏了？正想去动一下旋钮，调整一下机器，旁边的老顾客热心地阻止我，说千万不要乱动，恭喜你，中大奖了！奖金铁球叮叮咚咚不断掉出来，我赢了3000多元！

“这个故事告诉我，当我们无意间找到了一个成功的广告按钮时，千万不要移动。因为继续这个广告活动将会让你的收款机继续响个不停，我们应该持续一个成功的广告，直到收款机的响声停止。”

全联的客户听进了我的忠告，结果相同的广告定位与风格持续了10年，成为台湾超市行业的第一品牌，无论在销售上、形象上和店面数量上，都是第一！

往往在创作的过程中，我们并不知道做对了什么事，但是当作品获得很好的宣传效果时，我们必须回顾并且理解在这过程中到底做对了什么。商业性的创作和所有的商业行为一样，都是经过无数的风险评估与管理的，目的都是想获得最后结果的成功，但是成功的总是少数。然而，商业性创作行为最可惜的就是，当你有了成功的作品，却不懂得持续下去；当我们的作品在市场有了回响，我们必须要做的是，经过专业的思维，总结出到底是什么元素挑起人们的新鲜感，并且梳理出到底是什么因素引发了人们的共鸣。

所有伟大的品牌，都是因为品牌背后的那些人，懂得珍惜他们拥有的广告资产，并且将其发挥到极致，使之成为品牌资产。建立品牌的两个途径：一个是遇到了一个 big idea（伟大的创意），便好好珍惜，持续保有；另一个则是找到了一个 small idea（精巧的创意）好好培养，使它成为一个 big idea。以上说的道理很简单，但只有很少人能做到，因为大多数的人都习惯用改变与突破的伪正义，来满足喜新厌旧的人性。

全联福利中心品牌背后的推手们，保持一致的信息、一致的风格 10 年，再次证明“持续”不只是美德，还是持续成功的成功方程式。

以下节录一篇来自中国大陆专门收集最佳案例的《品牌观察》杂志的总编辑郑学勤，在他的微信上所发表的文章。

同场加映

没有笑声和泪水的艾菲奖算不上好作品

郑学勤

评委们担心今年艾菲全场大奖又会出现空缺的情况。因为已经有这样的先例，2013 年可口可乐昵称瓶拿到中国艾菲全场大奖之后，2014 年艾菲全场大奖空缺。当下缺乏实效创意，成为业界的共识。

其根源在于，企业家不愿意为实效创意买单。对此，艾菲中国秘书长吴孝明老师（他同时是宣亚的总经理）讲了一句老实话：我们每次都准备了三个创意，企业家往往选的都是最差的创意。为什么？因为那是一个企业付费最低的创意。

没有好的土壤，植物无法结出丰硕的果实，这个道理浅显易懂。所以，不能片面责怪广告人的浮躁，其原因还是广告主的浮躁。

尽管2015年艾菲最终颁出了全场大奖：百度用技术重现加德满都，但是仍然缺乏说服力，这从颁奖现场的掌声就可以有一个直观的判断。一个好的作品，当它呈现时，一定能够获得经久不息的掌声。

这个作品获得的掌声分贝和经久度，甚至不如第二天台湾奥美阿桂（叶明桂）分享的全联福利中心案例。这让我担心，艾菲的规则是不是有那么牢不可破？

全联福利中心案例在这次评选中拿到了长效传播类金奖，也获得了全场大奖候选资格。老实说，百度案例的创意，远远不及全联福利中心，其实效更是天地之别。我在现场做了调查，绝大部分的人都做出了同样的判断。

为什么会是这样的结果呢？大家从案例的名称，也能大致得到一个答案。百度案例里面有一个词：技术。因此，说白了，百度案例还是一个技术，并非一个艺术。

而创意，恰恰讲求的是艺术。百度用一个技术，再加上土豪的投入，拿到了一个全场大奖。这成了中国广告人的悲哀。

以后，大家为技术鼓掌就好了。

我们再来看全联福利中心案例，台湾奥美花了 10 年时间，为其拍了 100 多支广告片。这一次，阿桂给大家带来其中的 13 个短片，从挤牙膏、洗发水、台风、健身动作、曲奇、中元节（鬼片），到购物车、全联好菜食谱等，可以看出每一个作品，阿桂都花了无限心血在雕琢。

最难得的是，十年如一日，广告风格一致，就连主角都没有变过，广告语“实在，真便宜”直抵人心。广告片用自嘲的口吻，把主角过分老实（常常曝光自己的短板）的一面，主动呈现在人们的面前。每一个短片，都自成经典，令人捧腹。当把这些经典连贯起来，无法不让人拍案叫绝。

这个作品获得的掌声，超过艾菲所有作品掌声的总和。

我常常讲，没有笑声和泪水的艾菲奖算不上好作品。这在我第一天观看艾菲国际作品时，就深有体会。

艾菲韩国主席分享的送外卖 APP（手机应用软件）案例就让人捧腹大笑。案例展示的是韩国著名演员柳承龙一个骑马动作，拍摄过程极为搞笑，让我立刻就有忍不住要进行模仿的冲动。果然，广告播出之后，韩国的男女老少都在重复这个骑马动作。一个小女孩在家里的地板上做出的骑马动作，更显示出她的可爱和天真。

艾菲马来西亚主席分享的 BSN（银行）案例，通过拟人化的动物猫，做出搞笑动作、说出幽默语言，带给人们笑声和泪水的同时，也拉近了人们与 BSN 的距离。

吃晚饭的时候，我刚好跟贝因美副总裁陶杨坐在一桌。贝因美请张柏芝拍摄的一个广告片，给我留下很深刻的印象。广告中“是他让我懂得，可以扛得起，也可以放得下，可以哭着微笑，也可以笑着流泪”的台词引起了很多妈妈的共鸣，也引起了我的共鸣。

我希望，未来再到艾菲盛典，可以看到“哭着微笑、笑着流泪”的全场大奖。我相信，这也是艾菲实效的一个重要指标。

今天上午就要离开西安广告节，离开艾菲现场了，感谢 Owen（国际艾菲中国区执行主席贾丽军），感谢艾菲，为全体中国广告人组织的一次精神盛宴。

最后，再做一个分享。全联福利中心案例，并非只是一个搞笑广告，它的当中也隐含了泪水。当阿桂放出第一个短片时，人们站在全联福利中心门口，居然不知道它就在面前，让人感到心酸落泪，这时我们的状态应是“笑着流泪”。当看完 13 支短片，我们已经笑出了眼泪，此时热烈的掌声，代表了“哭着微笑”。

我向阿桂致敬！向台湾奥美致敬！当我知道阿桂已经接下大陆的一些广告订单时，我为他感到高兴，也期待着他能带给我们更多有“笑声和泪水”的作品。

在我的心目中，今年的艾菲全场大奖，正是阿桂出品的全联福利中心案例。

2015 年 10 月 27 日早上

Be There，真实接触，台湾高铁
——销售的艺术

我们往往会用过多的数据和论述，来掩饰我们思考不足或想法不突出的缺点。在营销传播领域，真正有用的往往只不过是一个有意义的观点。

那天，Rae（钟蕊芳，台湾高铁的营销总监，之前我们从未见过），通过朋友的关系，打电话给我说她想要举办比稿，因此想认识一下奥美，并且问我能不能推荐另外两家广告公司来参加比稿。这是相当少有的事，我的潜在客户竟然要我来选择自己的竞争者。我口头上说让我想一想，但在心里已有打算，就是要想办法让她打消比稿的念头，而直接雇用我们。

赢得生意的第一步，就是选角。所谓选角就是选择参与作业的团队成员，选角就像为一场演出选择最适合的演员扮演最合适

的角色。当选角适当时，这出表演就已经成功了一半。于是我思考：应该介绍什么人给 Rae 才会让她印象美好，因而毫不犹豫地选择奥美。

在我心目中的名单上有当时的 ECD（执行创意总监）Murphy 以及总经理梅可汉，我的调研经理 Winnie，当然还有我自己。但首先，和 Rae 初次见面，我想找一个最适合的地点，我希望是一个安静、温暖的空间来彰显我想给她的印象：头脑清楚、亲切倾听。我询问了许多同事有关高铁公司附近的餐厅，因为在她公司附近会面可以为她提供舒适自在的环境来打量我。那天下午我和 Rae 初次见面，相谈甚欢。

第二天，我带着 Murphy 专程到高铁公司拜访，介绍了 Murphy 的几个获奖作品：三个电视广告、六套平面广告。擅长为报奖而打样的 Murphy，将他的平面作品整理得干干净净、大大方方，呈现出具有国际感的包装。有时，内容虽然重要，但包装也很重要，许多失败的故事，内容虽然很好，但包装过于拙劣，才导致失败。有人说“包装过度会失去内容的核心”，那是懒人的借口。Rae 对 Murphy 的作品集十分满意！

第三天，我和 Rae 约在 Neo 19 二楼的意大利餐厅吃午餐，Rae 带着她的左右手，我则带了 Winnie 前往。我在这个午餐期间相当沉默，让这两位女性畅所欲言。调研出身的 Winnie 早就做好了有关高铁的市场资料整理，谈话的内容知识性十足。我们在午餐结束前，向 Rae 和她的伙伴提出了邀请：前来奥美参访。Rae 接受了我的邀请，一周后带领她所有的队员一行 10 人，听取了 Winnie 在内部已经练习多次的世界各地著名的高铁广告案例。

心机巧思背后的思考

之后，Rae 表示愿意先和我讨论一下服务合约的初步条件，但这回我则把地点安排在我们的会议室，**谈钱，最佳的地点就是在自己的地盘**。重点是在 Rae 来公司的前一天，我特别叮嘱当时的总经理梅可汉说："明天早上 11 点会有高铁这个非常重要的潜在客户到公司来，我特别安排'路过'你的房间，希望你想一想如何用两三句话赢得她对你的赏识！"第二天，Rae 从工地参观访问后直接来奥美，脚上还穿着保护足部专用的铁鞋。在我刻意安排的"路过"时，Rae 向梅可汉骄傲地展示了她脚上千斤不坏的铁鞋，梅可汉问她可不可以让他踩踩看，Rae 毫不迟疑说"好啊！"梅可汉也毫不迟疑地跳起来用力踩踏 Rae 的脚。那一幕真是奇怪的情景，一个老外使劲儿地踩一个瘦小女子的脚，而这个瘦小女子却乐不可支，扬扬自得。接着梅可汉就向 Rae 建言：从一个老外的角度观察，许多老外现在来台办完公事就离开台湾去别的地方休闲度假，这样很可惜。其实台湾的中央山脉有着全世界最美丽的风景，高铁应该考虑如何让老外来台出差时，多待一日来次台湾游。

大部分的认识模式，都是相互介绍团队，即在同一时间、同一个会议室，双方人马正式集体地互相介绍。我则选择在不同的时间、不同的地方，个别地介绍团队。**因为我认为只有一对一的对话才是最好的沟通，只有分别介绍才能突出个人特色，我不追求省时省力的效率，我追求效果。**

后来，我们签约之后，我追问 Rae 为什么将台湾高铁的传播服务工作交给奥美，她说："奥美拥有这么多各种优秀人才，我怎么能够不采用呢？"她说的一点也没错，事实上，她并不是被我的心机巧思所摆布，而是经过深思熟虑才决定放弃她原先打算三家比稿的初衷。而我，想了好久，也不知该向她推荐另外哪两家来参加比稿。因为如果你去问各家广告公司："谁是业界第一名的广告公司？"每家公司的答案当然都是自己，可是当你问谁是第二名呢？大家都会异口同声地回答："奥美广告。"

Rae 的老板是有名的殷琪小姐，我认为她是位伟大的人物，她把青春岁月献给了台湾的文明进步。近年来，我外出旅行时难免比较，觉得大陆进步神速，日本处处值得学习，但是台湾有两个"文明建设"：一个是 7-ELEVEN 便利店，另一个则是台湾高铁。4000 家 7-ELEVEN 便利店遍布台湾，台湾高铁从北到南跨越 400 公里让台湾成为一日生活圈。台湾高铁是台湾最文明的地方，如果有机会，请你参观一下高铁车站的哺乳室，你就会更明白我的意思。徐重仁先生打造了 7-ELEVEN 便利店的基础，殷琪小姐建立了台湾高速铁路的里程碑，我很幸运曾为这两位贤明、智慧的客人服务过。

坦率、明朗的殷琪董事长

“开了一天让人烦闷的会议，终于等到了和你们开会！”殷琪为我们提案的会议这么开场，我猜想很多客户都和殷琪有同感，整天有关任务指标或人事问题的会议远不如和代理商的创意提案会来得生动有趣！代理商的会议充满声光电与故事，是整天苦闷繁忙中的偷闲。广告会议的议程总是非常重要又具有实质内容，只是大部分的客人不会像殷琪小姐这般如此坦率地表达。

我接高铁的第一个任务便是通车典礼。为了提高我对通车典礼的关注，殷琪特别委托 Rae 带给我一本书，内容是记载着日据时期台铁南北连接的通车典礼。我因此知道：原来象征台中公园的池上凉亭（湖心亭）正是当年通车典礼接待贵宾的签名之处，我意识到通车典礼不只是一个开启营运的仪式，而且具有历史意义。这个送书的小动作强化了我对通车典礼这个服务项目的使命感，也加强了我在心力与劳力资源方面的全力投入。这个借书给我看的小动作真是个管理的艺术，同时也婉转拒绝了我原来的主张：在开通当日不举办通车典礼，并且所有高级主管亲自上线做客户服务员来打造一个节约的故事，创造公关宣传的新闻点。

殷琪对创意作品的反馈，总是精辟有道理。原本，我们打算强调高铁是最不污染环境的交通工具，以增加人们放弃其他交通工具改乘高铁的合理性，我们做了三张平面作品，主视觉呈现的是水淹大台北，即空气污染造成地球变暖的戏剧化表现。但是殷琪认为这个表现太过自大，高铁虽然没有废气排放，但是高铁所用的电力也是来自有污染的火力发电，等于间接污染了空气，如果使用这个说教式的诉求，其实是五十步笑百步罢了。

我发现：所有我认识的卓越领导人都具备双重的能力，一方面很懂得做生意的道理，另一方面也深谙做人的道理，他们既是生意人，也是哲学家。他们对实际的数字非常务实，对抽象的东西又很有能力将之具体表达出来，不仅表达清楚，也让人容易明白。殷琪小姐也不例外，她是个讲故事的高手！

事实上，大部分的领导者都不是只会数钞票的冷血怪物，而是有血有肉的情感动物。看完我们拍摄整理的时长六分五秒的高铁纪录片，殷琪被自己的故事感动得哭了起来。说来也不奇怪，每次我交片时，客户哭得越久，我除了忙着找到面巾纸递出的同时，心里总是感到非常高兴！（台湾高铁工程纪录片网址为：https://youtube.com/EjwfrqUE4g8）

“真实接触，Be there！”这个台湾高铁品牌主张，希望它能长长久久。“Be there！”这个英文表达其实是向我过去的亲密部属王兴学来的。有一天，王兴和我聊到亲子之道，她说：“我每天晚上陪儿子做功课。”我问：“你会教他写作业吗？”她说：“我不会，孩子们自己会做，他们所需要的只是你要‘be there’的陪伴！”

台湾高铁最主要的竞争者不是航空公司，不是长途巴士，也不是台铁，而是电信公司。如今电信服务业如此发达，实时视频、实时通话、实时通信都可以取代人们亲临现场的必要性。可是如果大家只沟通不见面，那么就影响了高铁的生意。电视公司也是高铁的竞争者：演唱会可以实况转播，美食节目介绍当地美食，旅游节目介绍当地生活……如果人们都足不出户，借着电视、网络、神游观光，也会影响高铁的生意，因此我们提出“真实接触，Be there！”的品牌主张。只有真实接触，才是有温度的沟通，只有身临其境，才有真正的感动。这个主张与生意直接相关，而且可以非常动人，请你不必等过年，不必等中秋节，现在就回家看你亲爱的家人吧！他们只期待你真实的拥抱，其他无法取代！

台湾高铁品牌主张“真实接触，Be there！”的提案，并没有经过长篇大论的市场分析、商业洞察、族群区隔、竞争力分析、产品力分析、策略结构分析、定位结晶、接触点安排、绩效评估等，这些看起来很严格的程序也没有经过全面思考的大规模提案过程，我对殷琪小姐的正式提案，只有一页纸，就是我经过深思熟虑、化繁为简的一页策略说明，包括品牌主张是什么，以及为什么。正式提案时，我很恭敬地呈上这一页策略说明，忍住一句话也没说，静静地让殷董事长自己专心阅读，董事长看完，也只回了两个字：“很好。”于是照单全收。表面看来十分容易的提案，其实一点也不简单，那是结合了业务敏锐的观察判断能力和策划透彻的思绪与畅顺文笔，再加上身为团队领袖无比的勇气，才敢用一页纸的形式取代了无数页有声的PowerPoint提案。**往往我们会用太多的数据和论述，来掩饰我们思考不足或想法不突出的缺点。在营销传播领域，真正有用的往往只不过是一个有意义的观点，**其他添加的只不过是借着专业感来促使客人买单，我发现越高级越大气的企业家需要的往往是越短越精辟的论点。殷琪，果然是实际又具有想象力、智慧又深具胆识的领导人，她让我开了眼界！

一般人的想法就是，越重要的提案就用越多的页数，越不重要的提案就用较少的页数，这种以策划书的页数来显示提案重要程度的做法是非常普遍的。然而，我认为，重要提案必须将复杂的信息消化成有意义的观点，化繁为简以便让真正做决策的领导人，能在日理万机时从简单清楚的思路中做出长远明智的判断。反而，在不重要的报告时，我却会将简单的事复杂化，让报告因为细节产生专业感。

我平日对殷董事长的提案，多是简单复杂版的提案，例如：一封简单的邀请卡出了4个方向、8套草图。一通简单的电话询问：请我建议一位小设计外包商，我们提供了两页4种不同类别的设计师介绍，说明它们的不同价值及各自的风格、联络方式、联络人姓名。平时小题大做、专业十足的报告和服务累积起来，赢得客人在专业上的信任，才能在做大提案时，只需一页纸就完成了。

人生总是这样，平日所有的努力，就是为关键时刻做准备。

本章关注：

赢得生意的首要思考是选角，适当选择成员，是生意成功的第一步。

其次是选择见面的地点和方式。采用一对一，而非集体见面的方式，以求最好的沟通效果，看重效果甚于效率。

同时，必须要真实了解客户，知道客户的竞争者是谁；要清楚品牌的主张是什么，以及为什么。在营销传播领域中，真正有用的是精辟的有意义的观点。越重要的提案越需要化繁为简，以利决策者做出明智的判断。平日可以化简为繁、小题大做，让报告在细节中显现专业，结合对客人的服务，以赢得客人的信任。

最后，卓越的领导者既懂得做生意，也深谙做人的道理，他们对数字非常务实，也很有能力具体表达抽象事物，通常会是讲故事的高手！

Part 2

一些硬道理

你真的懂定位吗?

我在这行积累了 30 年的策划工作心得，通过向许多聪明智慧的客户学习，终于梳理出完整通畅的定位模块，而且在中国登记了专利版权，称之：桂氏三角形定位模块。借由本文，在此分享多年结晶的心得。

定位，是所有营销思考最基本也是最重要的决策。是做生意的根本，也是展开所有市场活动的依据。有了明确又正确的定位，我们才可能知道产品继续改进的方向，才懂得怎么定价才可以获得最大的收益，才能选择最合适的途径，有效接触最有可能购买我们产品的目标群体。当然也为我们宣传的主轴提示正确的路线。

什么是定位？

定位的含义，就是一个商品要卖给谁？他们把这个商品当作什么？还有，他们为什么要买这个商品？

如果用一句话来概括定位，便是："对谁而言，我是什么？给你什么？"这三个看起来简单的问题，却必须要有精密的思考以及相当足够的市场数据，才能提炼为这一句话。

所有生意都要思考定位问题。即便是开一家小小的路边咖啡馆，你也要仔细思考并且决定：造访这家咖啡馆主要的客户群体是什么样的？是路过的路人还是专程来这里培养感情的情侣们？他们将这家咖啡馆当成什么？咖啡馆不只是咖啡馆，也许是路人缓解紧张的休息站，或者是情人增添爱情的孵化地。他们为什么来这里消费？路人也许是为了打发时间，情侣应该是为了让彼此关系更密切。

定位运用的范围很广，政治家或政客都需要在社会大众心中确立定位。国家的定位，影响整体经济发展的重心，以及外国人对本国生产商品的印象。对台湾人而言，去日本观光与去美国旅游的意义不同，因为日本与美国在台湾人脑海里的定位不同。更重要的是，了解个人在团队中的定位，是知道自己在事业上该往何处发展，确认要发挥哪方面的专业，明白自己该改善哪些弱点的最佳指标。曾有一位人事经理，在课堂上这样回答我，他在公司的定位是："对公司而言，我是一个协调者，创造公司快乐的环境。"

定位的三个不同层次

这三个层次依序分别是产品定位、市场定位、传播定位。由上而下，从物理性的定位转化成心理上的定位；从人类的生理行为演进成心灵感受；从具象变成抽象；从左脑延伸到右脑，从理性推理到感性。

产品定位：差异化的特点才能胜出

对产品定位的描述，同样是"对谁而言？我是什么？给你什么？"，只是在"对谁而言"方面，多是用统计学项目来描述目标对象群体，包括年龄、性别、职业、居住地等。在"我是什么"方面则是描述属于什么类别。例如：洗发精类、交通类、别墅类、食补类。最后一个项目"给你什么"描述产品特点，所谓产品特点，当然是指产品与众不同的特别之处。虽然，在这个时代，大部分的产品并没什么特点，有特点的产品越来越少，因为科技日新月异，加上市场主体的学习能力提升快，要和竞争者保持差异越来越难。

但是，一个差异化的特点往往比一个满足大部分消费者需求的利益点更能帮助企业。因为只有差异化的品牌才能真正帮助企业成长。我相信，许多读者不一定会认同我以上的论述。

我完全理解，当我是初学者时，想法也一样，经过多年的实战经验我才深信：一个小小的差异远比一个大大的需求更具销售魅力。“特别好闻的香味”，“特别舒服的手感”，“颜色中独一无二的蓝光”，都可以是产品故事的最佳起点。

可惜，大部分商品无法具备任何真正的特点，于是我们也只能把对消费者有意义的需求点当作产品特点来思考。

产品定位通常是位于营销链最前端的研发人员应该负责拟定的，研发人员要根据产品定位来研究开发具有竞争力的产品，根据定位来思考：这个类别的质量标准是什么？产品是为哪种人来设计？年轻的女子？年长的男人？还是中年的白领？这个族群的消费人数和人次足够多吗？根据这群人的喜好来打造产品的特点。一个发明能力强的团队会先从产品特点来切入；一个生产能力弱，但生意头脑好的公司会从消费族群来切入；一个资源庞大，企图借由结盟、生产链，甚至改革生态圈的企业集团，则会从思考要投资什么类别来切入。**产品定位就对那些用统计学所描述的人群而言，XYZ 这项产品是属于什么类别，具有怎样的产品特点。**

市场定位：没有选择，就没有策略

市场定位则是“对什么族群 XYZ 的用途是什么，提供什么好处”。如果一定要比较，市场定位是最重要，也是最困难的工作。

首先，我要特别强调一个营销的真理，那就是“没有选择，就没有策略”。策略的基本精神就是选择一个方向，选择一条路线，选择一个方法；没有选择的话，就会没有方向，没有路线，也没有方法。这个道理看似很简单，可是在我服务过的客户中，有 80% 是没有选择的，通常都是这个也要，那个也要，重点太多变成没有重点，完全不合乎定位的真理。这和成为一个优秀的领导人是不一样的，优秀的领导人必须具备许多不同的专业知识，必须具备处理矛盾的能力，又感性又理性，能倾听又会表达，要有爱的力量也有铁的纪律，要好又要快，要人性也要赚钱，有伟大理想也能有商业头脑，懂策略又懂执行细节。

定位则是完全不一样的思维，唯有聚焦是真正的道理，而勇敢选择是唯一的方法。

市场定位的第一个选择是，你要将产品定位在什么人群。**市场学最精华的部分就是市场区隔，而如何区隔则是其中最棒的学问**。常见的市场区隔的方法多半是从统计学的角度来分析，在我看来，那是产品区隔应该运用的方法。能帮助我们思考并启发策略的分析，必须找出不同族群不同的特质，而不仅是不同的年龄和性别。至于如何定义不同族群的特质，则必须和我们的产品是属于什么类别，被当作什么有关。

以房地产为例，一栋房子是被当作普通住宅还是别墅销售，它所对应的消费族群将有所不同。即使不论用途是普通住宅或别墅，两者目标族群都是针对35岁到45岁有钱的中年男性，但他们在买住宅与买别墅的心理是不一样的。住宅要求安居宜住，别墅追求山明水秀，同样是在一线江景的高级房产，当居所购入的人可能分为重视社会地位与强调调养身心两种族群。而当作别墅购买的人也许分为重视社交功能和保护隐私两种不同的族群。

在市场区隔中，统计学的定义不好用，行为学与心理学的定义才好用。

族群要如何定义?

许多国际性的品牌，为了进行全球营销，通常会花相当的调研费用将该（产品）类别的人群，用很科学的方法分类成6~8个，甚至10个以上不同性质的族群，但是，我所接触的绝大部分厂商没有这样的调研结果来作为市场区隔的基础，因此，我通常将消费者区隔用“田”字形的分析图来表达。我认为只要很认真地将市场区隔成4种不同类型的消费者，在大方向上已经足够运用了、在“田”字形的分类中，我建议可以用“行为”与“态度”两个维度来做分类，这是最能帮助推理的维度。

至于什么行为与什么态度要和什么相关呢？就是要和这个定位所属类别的制高点（high ground）相关，所谓的“制高点”是个只能意会不可言传的东西，是个需要被悟出来的学问。制高点可以是类别利益最高层次的一种情感，可以从探索消费者最想要却未被满足的需求来得知。

例如：在厨房这个空间，人们对厨具的要求可能是耐用好看，但是，人们最大的需求，却永远不能被完全满足的，却是“干净”。许多人对做料理的过程充满热情，但没有人享受烹调后的清理打扫工作，于是每一次炉火的燃起，都是一个必须事后清洁的结果。对“干净”程度要求的高低，就是一个很好区隔厨具市场的切入点。人们对“厨房空间”是否干净的标准不同，有一部分人的标准很高，有一部分人的标准不高，当然没有人希望厨房越脏越好。另一个象限则是用使用的频率来定义，这也有两种人，一种是经常做饭的人，另一种是较少做饭的人。两个不同维度交叉成 4 种不同的人：有一种是常做饭又特别爱干净的人，另一种是不做饭但爱干净的人，第三种是经常做饭但对干净程度要求不高的，最后一种是既不做饭又不特别爱干净的懒人。在市场上有以上 4 种主妇，无论她们是家庭主妇还是职业妇女，这 4 种人对厨具的设计有不同的偏好，对广告的要求也有不同的吸收。

小结，当我们要进行市场区隔之前，我们要先找到这个市场的制高点，然后根据这个制高点来定义不同的消费族群。制高点就是终极利益，是一个到达精神层面的情感利益。可乐的制高点是欢乐，不是清凉解渴；便利商店的制高点是安全感，而不是方便。

市场定位，就是对什么族群，他们想要的用途是什么？他们愿意交易的理由是什么？对于在三线城市的土豪而言，拥有位于上海外滩的豪宅，用途是让他的儿子在上海这个国际大都会，有机会认识来自全国各地的各路精英分子，结交未来的生意伙伴。他买这豪宅的好处是帮助儿子累积将来继承家业的实力，这房子对他的意义是家族企业再扩张、更发达的滩头堡。

以上，就是一个市场定位的直白描述，描述着一个市场故事。常闻人言：“市场，不过是讲一个好故事。”就是此意。

在市场定位中，除了选择最佳分类消费者的方式进行分析之外，还要从分类后的不同族群中，挑选最正确的生意来源，选择的原理就是先从你最容易入侵的缺口去夺取应该属于你的那一份。原则上，就是根据此产品的竞争力所带来的在某一个族群的局部优势，来挑选最佳的市场区隔，让此区隔成为企业的首要目标。有些人会选择市场量较大的区隔，以为市场空间大，得利的概率就比较高，其实这是误解，因为较大数量的市场，如果不是你的强项，你一点也吃不到。选择某个族群就是在选择属于自己生意的地盘，只有在自己的地盘上才能生龙活虎地做生意，因为“我的地盘听我的”。

另一个选择生意应该从哪里来的角度，在于我们要将产品当作什么用途来使用。

相同产品会因为不同用途而引导出不同的生意来源。例如，当亲自动手做面包糕点的人变得很少时，原本作为膨松剂的苏打粉可以改变用途作为冰箱内除臭剂或洗洁剂，于是新的用途开发了新的生意来源；当市场出现更有效的香港脚药膏时，李斯德林在原来泡脚杀菌的用途领域失去了竞争力，于是用途重新定位成口腔杀菌除臭，瞬间杀死百万细菌的特点用在口腔清洁上，为人们提供不怕因为口臭影响社交的能力，也开创了全新的生意来源。在房地产领域，一个房子用来建立家庭与用来金屋藏娇的用途不同，生意的大小也不同，根据选定的用途，会自动折射相对应的产品利益点，老婆居住需要家的便利性，金屋藏娇需要隐密性。

另一方面，从产品的特点出发所引申的产品利益，也会影响如何选择产品所提供的用途，于是“利益点”与“用途”存在相互的因果关系，我们一方面要考虑产品在消费群体比较竞品时的实际竞争力，另一方面也要考虑产品在消费群体的主要用途方面所投射的市场量大小。前者是抢市场的能力，后者是存在的市场量，是选择一个产品力强大，但是市场范畴较小的定位，还是选择一个产品力稍弱，但是市场较大的定位，往往是靠优秀的市场总监睿智的判断。**市场定位的大白话就是，针对什么族群提供什么好处，让他们用来做什么。**

传播定位

传播定位是精神层次的定位，即对具备什么样心理的人而言，本商品拟人化的意义是什么？满足人类的什么情感利益？

对谁而言

根据市场定位的消费者区隔，选择族群之后，去体会这个族群使用商品行为背后的心理因素，也就是所谓的消费者洞察。通常运用“田”字形的分析，我们可以通过由两两比较，根据两个相异的族群在消费心态或使用动机上的不同，去探索专属该族群的心理洞察。

我是谁

另一方面，必须思考这个族群使用用途背后的意义。例如，对位于上海外滩的豪宅的用途是给第二代在上海学习与扩展人脉之用，意义则是为了企业的再扩张。对于喜欢干净的女性使用者，橱柜对她们的意义是展现女人的魅力，因为爱干净的女人最美丽。对于那些对生活质量有要求的人而言，百分百纯果汁的意义是提高生活水平的象征。

事实上，在拟定定位的过程中，要上下左右考虑定位三角形每个端口的相关性，让消费者的洞察，与商品的意义和商品所提供的终极利益，建立相互补充说明的关系。

给你什么

由产品特点延伸到产品利益，再延伸到产品的终极利益点，所谓终极利益就是人们为什么喜欢这个商品的情感因素，我们喝可口可乐享受的不只是清凉畅快的口感，而是内心充满正能量的快乐感受。

传播定位，定义了部分的品牌元素，有了传播定位，品牌的主张呼之欲出；市场定位，定义市场区隔及生意的来源；产品定位是定位的源头，定义产品的竞争优势及生意的范围。

以上，三合一的定位结构，描述了完整的三个不同层次的定位。读者也许一时无法完全了解三层定位的三种关系，但是只要能记住定位就是“对什么人而言，我是什么？给你什么？”就值回书价了。

桂氏三乘三定位模块

说明

定位：

定位有三个层次，都是使用以下相同句型来描述：

对________人而言，我是________，给你________。

三 × 三：

根据以上的句型，一层接一层地将定位从产品定位转化为市场定位，再将市场定位演化为传播定位，借此获得总共 9 个关键词。

三角形：

运用三角形图示将定义定位的三个项目之间的相关性加以可视化，以便一目了然。

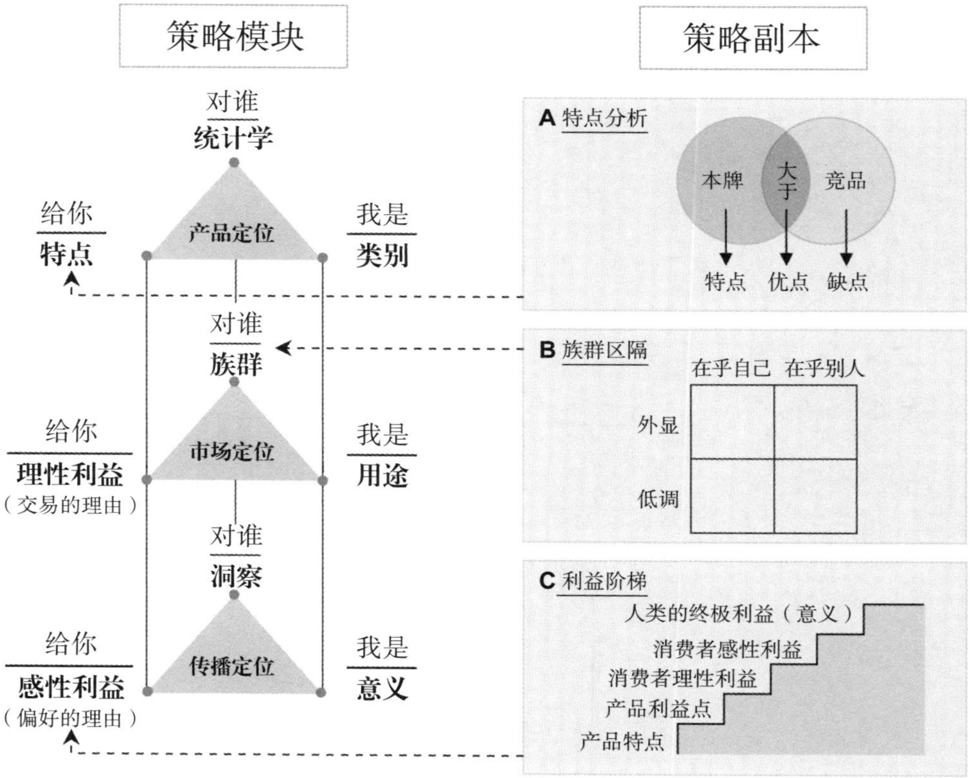
策略模块
对谁
统计学
产品定位
给你
特点
我是
类别
对谁
族群
市场定位
给你
理性利益
（交易的理由）
我是
用途
对谁
洞察
传播定位
给你
感性利益
（偏好的理由）
我是
意义
策略副本
A 特点分析
本牌
大于
竞品
特点
优点
缺点
B 族群区隔
在乎自己
在乎别人
外显
低调
C 利益阶梯
人类的终极利益（意义）
消费者感性利益
消费者理性利益
产品利益点
产品特点

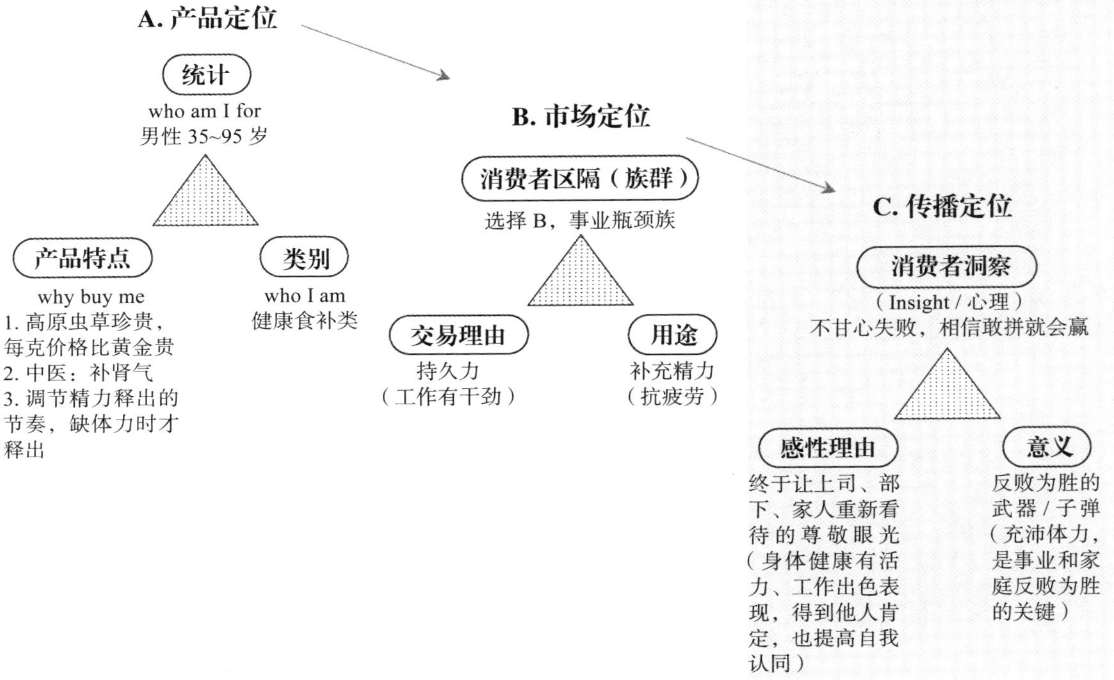

■ 以高原虫草为案例，所进行的桂氏“三 × 三”定位模块分析

本章关注：

定位，是所有营销思考最基本、最重要的决策，是做生意的根本，也是展开市场活动的依据。定位让我们确定产品的方向、确定定价和选择渠道。

定位是什么？定位是：“对谁而言？我是什么？给你什么？”

定位有产品定位、市场定位、传播定位等三个层次。我们可由桂氏三角形定位模块来了解这三者如何转化和演化，并借此获得 9 个关键词。它们分别是：统计学、类别、产品特点、族群、用途、理性利益、消费者洞察、意义、感性利益。

产品定位

对谁______	我是______	给你______
统计学	类别	（产品）特点

市场定位

对谁______	我是______	给你______
族群	用途	理性利益（交易理由）

传播定位

对谁______	我是______	给你______
（消费者）洞察	意义	感性利益（偏好理由）

如何让产品进化成有生命的品牌

大多数的产品只具备品牌之名，却不是真正的品牌。许多企业只是拥有一个知名的品牌名称和一些不错的产品，但销售业绩主要来自产品的竞争力而不是因为品牌给力。

一个好产品，本来就应该卖得不错，但是如果它是个真正的品牌，就可以卖得更好。

在这个时代，所有的营销人员都会赞同品牌很重要的说法，甚至认为品牌是企业最重要的资产。但是，真正拥有品牌的企业却很稀少。怎样才算是拥有品牌，而不只是拥有产品？

我认为，**具有溢价能力的产品才是品牌**。当质量相同的产品甚至比别人差一点的产品，却可以卖出比别人更高的价格时，这家公司才算拥有品牌，**品牌提供的最大的利益就是“溢价”**。如果产品比别人好，价格又比人便宜，当然应该大畅销，如此价廉物美的产品再拥有品牌的话，它的溢价就会反映在这家公司的股价上，溢价的多少则显示在公司资产负债表中商誉的项目上。

另一个检验产品是否升格为品牌的方法就是粉丝数，不是利用水军或僵尸粉刷出来的假数字，也不是利用促销贿赂带来的伪粉丝，而是真正的忠实粉丝。忠实粉丝就是即使你犯错还会为你辩护的人。真正的粉丝会经常与你互动，而不只是为了拿到好处，例如为了一张免费的咖啡券而在脸书的粉丝页点赞，但是登录一次之后，从此不再往来。

“溢价多少”与“忠实粉丝数”是评估品牌最直接、最明确的两个 KPI（关键绩效指标）。

拟人化让产品升华为品牌

就交易的本质而言，人们选购某种产品，是经过和其他产品比较之后的理性决定，因为该产品的质量好、好处多、有特点、有差异，因此产生了偏好，于是完成交易。而人们选择品牌，则是出于情不自禁的喜爱，不必比较，不用 PK，就是毫不迟疑地购买，自动自发地分享。

偏好，就是“因为你很漂亮，所以我才喜欢你”。偏心，就是“虽然你不是我的菜，但我就是爱上你了”。通过“拟人化”

的过程，产品才能升华为品牌。

一个人通常只会爱上另外的一个人，于是，我们如果要让人们不仅喜欢你的产品，并且爱上你的产品，就必须让人们在潜意识中感觉这个产品不只是个物品或服务项目，而是一个“人”，这才有机会让人们爱上你的产品。

因此，品牌化的原理就是拟人化。以下是品牌拟人化的5种方法。

要进行拟人化，可以从人类学来理解：一个有魅力的人，会具备什么条件？

首先，这个人必然是个价值观坚定、主张明确的人。人们认同他的价值，欣赏他的主张，甚至被他的价值主张打动。

其次，他的个性必须一致。人们对那些性格时好时坏、忽热忽冷的人无法产生信赖感，一个严格、严肃的老板，只要他保持一致，还是容易相处的。

再者，要成为一个迷人的偶像，当然要有迷人的风格和迷人的语气，虽然这是很外在的元素，却是让人一见钟情的因素。

同时，人类是敏感又聪明的动物，总是能毫不费力地明白另一个人的动机，一个动机不良的人永远无法赢得人们的信赖。

最后，一个有故事的人，总是让人觉得有意思而愿意去接近他。一个没有故事的人，想必是个很无趣、很无聊的人吧！所以当我们要将产品通过拟人化打造成品牌，就要通过以下5种方法来建立品牌：

1. 提出一个动人的品牌主张。

2. 保持一致的品牌个性。

3. 创造不凡的品牌风格与语气。

4. 投射品牌背后的善意。

5. 提供一个人们愿意参与的品牌故事。

我们经常接到为客人进行品牌梳理的工作项目，所谓品牌梳理，到底是在梳理什么？在我看来，就是为产品规划拟人化的方式与手法，也就是为品牌设计以上的 5 个项目。

一、没有品牌主张，很难升华为真正的品牌

什么是品牌主张？就是产品之所以存在于世的初衷。“产品为什么而存在？”这个问句和“我为何而活？”“人活着意义是什么？”有异曲同工之妙。这可能会被视为一个愚蠢的问题，却也可能是一个最基本的好问题。

在建立品牌的步骤中，打造一个品牌主张，来指引品牌策略发展的方向，以及指导所有品牌接触点所需要的“零件”，是非常必要的，一个没有品牌主张的产品是永远无法真正成为一个迷人的品牌的。没有品牌主张的产品就像一个没有气质的美女，脸蛋再漂亮，身材再好，也只是一个美丽的躯体，没有灵魂。

品牌主张不仅要展现所有的品牌诉求，而且要有助于生意的成长，因为我们最终所提倡的品牌主张，必须是有利生意发展的主张，而不是一个充满善意的社会公益主张，也不是鼓励人类追求美好生活的大道理，更不是一句充满美好文字的创意作品。真正的品牌主张，应该和产品类别的制高点相关，并且有智慧地利用人性的某一部分来帮助我们做生意。

品牌主张是一句话，但不是一句广告标语，广告标语应该是：根据品牌主张阐释的价值观创作出的创意文采。耐克的广告标语是“Just do it”，这个广告标语源自耐克品牌的主张：耐克相信“无论如何，最终的公平正义势必伸张”。既然正义终究会来临，所以凡事不用担心顾虑，就“Just do it”吧！这就是真正美好的运动精神。

再以远传为例，“只有远传，没有距离”是这个电信产品的终极利益，“开口说爱，让爱远传”这个广告标语则能传达一个品牌的价值观。前者只是说明类别的利益，提醒人们远传是一家电信公司，借此产生识别的作用，却不会借此增加人们对品牌的偏爱度。人们只会对品牌所提倡的美好价值观萌生热爱的情感，或是被品牌所坚持的做人处事的态度打动。

然而，大部分的营销人员总是认为，运用产品能带来的好处来说服人们购买，才是对生意最直接的帮助，而品牌主张、价值观、人生态度这些精神层次的信息是虚无缥缈的，对销售不但没有直接的助益，而且耗时长久。

事实上，只有人们对产品产生情感，才是最有益于生意的因素。所以，我认为，“开口说爱，让爱远传”比“只有远传，没有距离”更有销售力！在台湾，一个品牌的标语，应该要持续5年以上，过早更换品牌的标语，往往不能让品牌主张深入人心，更无法使品牌成为消费者永久的记忆。

真正能够深入消费者脑海，占领永久的心智资源的，绝对不是一个产品差异化的利益点，而是一个动人的价值观；差异化的产品利益点只会让人暂时喜欢，却不会永远爱上。

二、品牌个性必须鲜明且一致

无法被辨认出个性的产品，永远不是品牌。品牌个性的形成，来自一致的文字语调与不凡的视觉风格。

只要品牌的拥有者，在做生意的同时一直保有真实的善意，并且遵法守纪，品牌的个性其实没有好坏。

拟定品牌个性的过程，是科学也是艺术，是逻辑的学术，也是对潜意识施加的魔法。当我们在为产品设计它的品牌个性时，我们最佳的依据，就是品牌主张的精神。例如，当耐克主张“公平正义势必伸张”时，它的品牌就该拥有一个倔强正直的个性，在传播上使用的文字是坚定自省的语气，在视觉上展现明朗鲜明的风格。

另外一个设计品牌个性的原则，则是根据对生意有利的消费者关系来规划。例如，在台湾很成功的品牌全联超市，它的品牌个性就是“过分的老实与纯朴，甚至经常自曝其短”，这个品牌与消费者是一种老实人与聪明人的关系（全联品牌是老实人，消费者则是聪明人）。这样的品牌个性不但让顾客觉得亲切，同时也让人乐意与其交易，大家当然喜欢和老实人打交道，谁会喜欢和一个斤斤计较的奸商做生意呢？

要塑造一种品牌个性，还必须要有耐心与毅力，才能让品牌个性真正地进入消费者的意识之中。如今，数字传播盛行随着实时的热点，搭载不同的销售信息，但忽视了保持品牌一致的个性的重要性。大部分数字传播作品随着热点的场景变动而变化，传播的语调与风格变化无穷，造成品牌个性的分裂，以致无法累积产品拟人化所需要的品牌个性。

具有品牌意识的数字传播和绝对无法建立品牌的数字传播之间最大的差别是，有品牌效应的数字传播会坚持用品牌主张的价值观来响应实时热点的内容，并且坚持品牌应该有的态度与口吻来传达品牌对热点的观点，而不是直接剪贴热点的关键词。

品牌主张与品牌个性是我们这一行最基本也是最重要的两个关键词，但是，在新兴的数字传播革命中却逐渐被遗忘，甚至被恶意地删除。“改变”这两个字，真是我从小听到大的字眼，无论是在与我无关的政治领域，还是与我直接相关的工作岗位。“改变”不是一个坏词，因为外在改变不断发生，所以我们必须不断自我改变；“改变”是不变的真理。但是，人们常常在这改变的过程中以“创新突破”的伪正义抹去一些历久弥新的真道理。

人性是不会变的，品牌的重要性是不会变的，品牌化的原理是不会变的，品牌主张的价值是不会变的，品牌个性的必要性是不会变的。

而我们对客户最大的价值“帮助客户，促使他的产品进化成品牌”，也是不会变的。

三、不凡的品牌风格与语气

突出的个性来自特别的风格与语气。以我多年的实战经验，塑造品牌个性的视觉风格与文字的语气，很少来自前端策略的指引，大多数是源自创作者的个人主观的偏好及个人拥有的能力。也许，与其说是一种偏好或能力，不如说是创作者对商品本质与品牌精神的一种特殊理解与诠释。

培养品牌正如养育孩子一样，是一门学问，也是一门艺术，即使是参考相同的育婴手册，每个父母都将汲取不同的营养成分来影响孩子的成长过程。同意创作者将个人的理解与见解，甚至准许客户将自己的偏执加入品牌的风格与语气之中，是很自然的事。

在塑造品牌个性的过程中，最大的风险就是没有一致的风格与语气，事实上，要维持一致性，比想象中要难。因为客户的决策者与代理商的创作者总是不停地替换，接手的人如何有纪律地粉碎自己的想法，按照前人的规范继续创作，是对人性的挑战。

四、品牌善意

第四个创造伟大品牌的要素是，让人们体验品牌背后的善意。

品牌背后的善意绝对是来自品牌背后主事者的真实善意，这种善意是品牌拥有者真心相信：活在世上的意义就是要做一个更好的人。当今品牌的善意，经常是通过众所皆知的企业公益活动，或赞助世界上需要被帮助的人来传达。另一方面，品牌绝对不做什么，其实也很重要。

许多年前我为统一服务“博客火腿”这个项目，博客火腿的产品特点是坚持 72 小时入味，产品的广告要求是博客火腿 72 小时入味，无论你是谁都必须等 72 小时才能买到。

当时，博客火腿的广告预算很少，刚好有记者无意间拍到一张“杀人魔王”陈进兴在面摊排队的照片，我们的创意小组非常机灵地制作了一个广告，标题是：博客火腿 72 小时入味，连陈进兴也要乖乖排队等候。图片就放陈进兴被偷拍到的排队照片。这一篇广告稿一经提出，一路势如破竹，倒不是客户喜爱得不得了，而是我当时在统一挂有好多立功的勋章，所以势不可当，直到呈到颜博明执行副总，他诚恳坦白地对我说：“阿桂啊，陈进兴这无恶不作、奸淫杀人的罪犯正在外逃亡中，我很感激你一心为我们的利益着想，希望我们刊登。但是你想一想，大家会怎么看登广告的人？大家会觉得我们太聪明了，连陈进兴如此令全国害怕的坏人，竟然都被统一用来做广告，会让人对统一的印象不好，我们虽无恶意，但我们少了善意。”颜执行副总说完，我内心惭愧，二话不说就把稿子领回，安静地带回了台北。

品牌背后的善意，不一定是你做了什么，也可以是你没做什么。

五、塑造品牌要赋予品牌一个有感的品牌故事

一般人总以为，品牌故事就是一些创始人如何努力奋斗，终于成就如今的大企业；或是当时的某种机缘巧合，创始人无意间发现了神奇配方，发明了这前所未有的新产品。例如：大陆品牌汇源果汁的故事就是，创办人当年在路边看见一个果农，不断吃着卖不完的柑橘，心有不忍，想到如果开办一个工厂，将这些卖不出去的柑橘收购榨成果汁销售，这些可怜的果农就不会因产量过剩而亏本了。这个故事很动人，但它不应算是品牌故事，而只是品牌历史。

品牌故事应该描述品牌之所以存在的初衷，也就是基于什么社会环境的需要，或是因为某种人类文明的思维应运而生的想法，这个想法应该道尽该品牌贡献给人类哪些美好，同时也说明满足了哪些我们想要、却未被满足的需要。而对提供这样终极利

益的品牌要进行拟人化表达：他会相信什么样的价值观？他会拥护什么立场和态度？他会提倡什么样的生活主张？

只有当这些品牌的做人处世之道以及永续的使命被清楚地梳理后，再加上有才情的文案撰写，才是一篇真正的品牌故事。这篇品牌故事就成为所有销售活动的源头，让各种销售信息有了正义之师，于是人们才会心悦诚服地购买你的商品。这不是传播原理，而是遵循了消费者吸收消化信息的先后次序，先有交情，后有交易。

以上皆品牌之道。

本章关注：

品牌是企业最重要的资产，但如何知道企业是否拥有品牌，而不只是拥有产品？可以用“溢价多少”与“忠实粉丝数”这两个关键绩效指标来评估品牌。

当有了产品，想要让产品升华成品牌时，最好的方法就是将品牌拟人化。拟人化的方法有：提出品牌主张，保持品牌个性鲜明且一致，创造不凡的品牌风格与语气，投射品牌背后的善意，赋予品牌动人有感的品牌故事等。

为客人进行品牌梳理，就是在为产品规划如何进行拟人化的方法与手法，也就是为品牌设计以上 5 个项目。

当品牌的做人处世之道和永续使命被清楚地梳理成品牌故事后，各种销售信息也就自然地被人们接纳，品牌故事成为所有销售活动的源头，于是人们才会心悦诚服地购买你的商品。这遵循了消费者吸收消化信息的先后次序，先有交情，后有交易。

以上，就是品牌之道。

将客户服务进行到底

请将客人真正的需求带回来，请把客人真正的需要卖给他。

远传电信曾经是奥美广告最大的客户，在我担任总经理的时代，我亲自在一线服务远传，因为当时远传电信的董事长徐旭东，同样站在一线参与广告的作业。我对徐董事长有着很好的印象，每次提案完后，徐董事长一定会站在会议室门口和代理商的每位同仁握手道谢，无论会议是否顺利。他有次和我握手致谢时对我说："你啊！不是天才，是鬼才！"我想他应该是称赞我吧！

有一次我们向徐董事长提出一个创意脚本，要为当时的工作卡（预付卡）拍一支歌舞片，命名为"Call Me Dance"，希望在年轻族群中创造出流行的舞步。徐董事长耐心地看完我们带来的日本舞蹈老师与两位美女伴舞的表演后，就说："我以为你们会带来什么新招，都是老套，真是不如我用功。"随即叫他的2号秘书去他房间拿了一张光碟来放，我看了他放映的跳舞视频，心想："这不是很老式的爵士舞吗？想必是他年轻时代流行的舞步。"但也不敢表明心意，只能要求日本老师立刻按董事长的指示修改舞步，我们一行人现场跟着老师的舞动，装腔作势，希望影响董事长的决定。现在想起来，我们当时实在是太做作了！结果，我们所创造的舞步并没流行，因为它不但不像韩国人的"骑马舞"那样有创意，也没有大陆的"小苹果"简单易学，我们的舞步太花哨、太复杂，观众不易学习。

这次经验带给我的心得是，代理商只要一心想要让客户赶快通过的作品，通常不会卓越。代理商为什么会冒出"只求客户过关"的心态呢？通常只有一个原因——"关卡太多"。往往在面对较大规模的客户时，为了做好质量管理和风险管理，客户总是从下到上对提案设好多关卡：先从产品经理到营销总监，营销总监之后是营运副总，副总之后才到总经理、董事长。记得大卫·奥格威的书中所写"凡是经由委员会批审的广告多半是平凡的广告"，因为成功的广告必定是单一信息，单纯表达。而有许多关卡时，每一个关卡都有不同意见，为了要容纳所有意见，广告内容自然就包含了许多看不见的杂质。

大部分的客户通常都不愿意伤害创意人员，或者不好意思直接说自己主观上不喜欢，因此常常借用策略的正义之师，来合理化自己不喜欢或作品创意不足的事实，于是原来的策略被一点一点地扭曲，直到最后终于失去策略真正的准心。这种“尾巴摇身体”的例子不断上演，我看在眼里越来越无法忍受。“当你认为创意不够好时，不必用策略手段来婉拒。”这是我真心想对客户说的话。

而本文正是一个资深业务人员，从三十几年来许多正确或错误的案例中，总结而成的客户服务心得。

了解需求背后的为什么

从广义上讲，服务工作应该是公司上下全部人员的责任；全体一起服务客户，满足客户的需求，同心协力，追求超乎客户期待的满意度。但本文聚焦于业务人员在为客户服务时应该具备的专业知识与技能。因为业务人员在为客户服务的过程中扮演了最重要的角色。**而业务最重要的角色就是将客户真正的需求带回来，并且把客户真正的需要卖给他**。

以左岸咖啡馆的案子来说，当年杨文隆部长指示如下：“阿桂，利乐包的售价始终无法超越 10 元的门槛，现在我们找到一种新的包装，希望能将相同的饮料放入这个杯子里改卖 25 元。”这就是客户开发新品的初衷，也就是真正的客户需求。后来左岸咖啡馆的产品不只风靡台湾，左岸咖啡馆的成功案例更是狂扫大陆的营销与传播界，甚至进入传播学系的教材，它特有的广告风格与语气曾被大陆广告界的文案竞相模仿，风行多年之久。这一切都源自我们知道客户在营销上的初衷，确立客户在传播上的需求："如何创造 15 元的溢价。"

开始服务客户的第一步：不只是明白客户的需要，还要了解为什么他有这样的需求。

要了解客户的需求，应该是每个人的口头禅吧！但要如何了解呢？许多人会说：因为我们比客户更了解消费者，所以我们会比客户更了解他应该有的需要。然而，从广告公司的角度来说，如果我们不了解客户生意上真正的课题，我们对消费者的了解就没有着力点，于是再多的消费者洞察也是枉然。也有人说：我们可以通过市场研究、竞争分析，加上前面所说的消费者了解，就可以找到客户在生意上的难题。可是，客户终究是身在其中，他永远比我们更加知道公司的内幕、市场的现状、产品的实力、成本的限制、销售的困难，他才知道让他晚上睡不着觉的是什么。我们也许能推测一些客户在生意上可能的需求，但客户一定比我们知道哪一个才是他在生意上真正的难题。如果我们不认清这个事实，我们将会不由自主地自以为是，同时也失去充分倾听与客观了解客户需求的能力。

先学会“问”

如何了解客户的需求呢？是“问出来”的。

在对的时机，问对的人，问对的问题，这就是身为服务客户第一线的业务人员在团队中的首要任务，因为“问出来”的结果将会转化为我们所有工作项目的简报（无论是口头的还是书面的），成为我们所有人为之努力的工作内容。

“对的时机，问对的人，问对的问题”的背后，却是随时随地做好功课的精神。

广告公司的业务人员会利用经销商大会，通过问经销代理商与负责渠道的主管，了解有关销售渠道的限制与机制；通过店面的走访，问出销售人员（导购员）的销售心得；主动打电话给研究员或厂长，问出产品开发中被产品经理忽视的特点。还有其他很多很多。在问好问题之前，应该事先做好准备功课，做事前准备工作的目的是让我们可以先行假设，预测客户可能的需求是什么。

在面对客户的时候，有经验的业务高手经常会采用以下的步骤与节奏，来进行与客户的互动。

首先，以开放式的问题来展开对话。接着，用积极主动的倾听来追问再追问、探索再探索，借此来优化原始的假设，并且校正为客户的需求。有章法地提问，是所有业务必备的专业技能，以用来了解客户真正的需求。

此外，想要进一步提升问好问题的能力，就要强化策略思考的能力，而要提升策略思考的能力，必须借由不断写作练就。当停止写作的那一刻，便是停止策略思考能力成长的时刻。因为只论剑不练剑的人，是永远无法参透剑术的奥妙的。

再重复一次业务人员应扮演的角色：

将客户真正的需求带回来，同时，把客户真正的需要卖给他。

换句话说，好的业务不会把不好的东西带回公司，也不会将不好的东西带给客户。许多满怀热情的业务人员，往往有个误区，就是以为替客户争取公司越多的资源，就是越伟大的服务精神，于是将许多宝贵的资源浪费在没有实质意义，客户也不真正需要的服务上，造成内部资源的短缺，工作伙伴因常做无用功而日久生厌，从而启动经营不善的恶性循环，同时也大大降低了业务人员服务客户的能力。

此外，在这句话后半句，所谓的“客户真正的需要”和前半句的“客户真正的需求”，是不一样的概念，因为，后半句的“客户真正的需要”是属于我们在专业上所能提供的解决方案，在这方面，我们应该比客户更有经验与能力。到底我们应该做什么才能帮助客户解决问题？身为业务，除了应具有专业的鉴赏力之外，还必须具有让客户欣然接受的销售能力，也就是能将好东西销售给客户。一个不会销售的业务，怎么算得上真正的业务？

如何建立信任

这种销售的能力，除了源自业务人员强大的沟通技能、倾听与对话时的良好态度，还特别要加上客户对业务人员的信任。客户对业务人员的信任，往往来自业务人员所提供的安全感，让客户相信一切的风险都将被妥善地管理。

如何才能赢得客户的信任？

对一般客户而言，就是“说到做到”。对客户的承诺，要百分之百地实践，其中最明确的项目就是永远准时交稿。准时交稿看起来简单，其实背后代表着业务人员个人的机智与热情，同时也能证明在其内部的沟通与协调能力，持续不断地使命必达、准时交稿就会正面地增加客户对业务人员的信任度。

另一方面，当我们触犯了以下客户的忌讳，就会失去客户对业务人员的信任，甚至因此失去客户对整个公司的信任，因此失去客户。

1. **速度太慢**。因为这暗示着，若不是业务人员素质太差，那就是其所承担的客户太多，于是客户发觉自己总是被排在优先级之后。无论是以上何种原因，都能导致客户产生另寻新欢的念头。

2. **经常换人**。大部分的客户可以完全体谅的是，服务团队的业务因为升职而调任，但他绝对不能原谅他原来拥有的精锐，因为生意扩张，而被改派去服务另一个客户。

3. **永不进步。**事实上，一方面客户不喜欢因为人事变动导致他必须不断地重新简报，另一方面，客户却又无法忍受一直没有新意的老业务。他希望有一个有经验但又能不断进步的业务伙伴，一起继续共同成长。

4. **永不让步。**大卫·奥格威给我们留下了一则家训："这是客户的钱，是他冒最大的风险，理所当然，是他做最后的决定。"当然，我们必须为了客户的最终利益而据理力争，但次数够、时间到的时候，就是我们应该住嘴，赶快奉命行事的时候。

其实，以上这4点的共通之处，就是让客户觉得：服务他的业务，不关心他、不关心他的感受、不关心他的业务、不关心他的宝贵时间……而在奥美工作过一段时间的人都知道这句："客户不在乎你懂多少，直到客户了解你有多关心他。"（Clients don't care how much you know until they know how much you care.）

不关心客户是失去客户的最主要原因，关心客户则是让客户服务从一般服务升华为一流服务的关键点。

唯有关心客户，才能让具有聪明才智的业务新手，在不久的将来成为明日之星，进而成为公司真正有实力的领导。因为关心客户，才有与客户心连心，借此才能明白他所表达的真义，才懂得他指令背后的动机，预测他的想法，也因此才可能到达为客户服务的最高境界。

关心客户的能力，并非来自一味地自我催眠，而是来自对客户深层的了解与认识。要知道一个正常的客户花在我们这个行业上的时间与精力，只是他全部工作中的一小部分，因此我们应该体谅他不懂得那些我们希望他懂的专业术语。于是你会乐意花时间、心力，来设法让客户了解，用他听得懂的语言，依照他吸收消化的节奏来让他明白。我相信这种体贴挂心的能力是可以通过学习得来的，虽然有人天生就是超级业务员，懂得讨人喜欢，但是，经过学习得来的能力，往往比天生的能力更经久耐用。

客户不只是你的客户，还是你的客人

怎样才能保持长久、健康、快乐的客户关系？所谓“伙伴关系”当然是最标准、放诸四海皆准的好答案。但，再进一步想想，选择哪一种与客户之间的关系，通过这种关系所延伸的行为与态度，才能培养成健康、快乐又长久的“客户关系”呢？

如果我们选择以上一直使用的名词“客户”来与之进行交往，在我们的潜意识里，“客户”就是一个账号，双方关系的本质就是交易，除了追求公平的交易原则，也运用经济学的供需曲线来决定与代理商的价格，于是客户经营的问题就会偏向客户在商业账本上的数字问题。

和这种非常“左脑”(理性）的商业关系相对的，就是很“右脑”（感性）热情的“朋友”关系，我相信许多人认为，朋友关系是与客户关系的最高境界，主张要把客户变成亲密的朋友。事实上，这是一种一厢情愿的想法，当你在半夜两点和客户一起熬夜加班，并一起爽快交心地骂自己的公司之后，经过一夜好眠后，你的客户对你未来解决问题的能力的信任已经打了折扣。因此，我并不认为朋友间的亲密关系真正存在于我们与客户之间。

我的主张是，我们要追求的是“当客户不是你的客户的时候，他将会变成你最亲密的朋友，可是，当他是你的客户时，你要把他当作客人对待”。首先，我们要在表达上就要使用“客人”这个名词，而不是客户。因为人类使用语言来思考，而思考也受其所使用的语言影响。试想，你会如何对待来你家做客的客人？你不必像用人般谦卑，你也不会像密友般任性，你将自然流露出对他的善良与慷慨，因此会给出直接坦然的忠告。同时你也会持有一种“方便但不随便”的敬业态度，于是看好公司应有的利益的同时，你会好好维护客户的利益。所以，客户不是你的客户，是你的客人。

所以，我们那句话应该改成：**“请将客人真正的需求带回来，请把客人真正的需要卖给他。”**

本章关注：

客户服务最重要的就是“将客人真正的需求带回来，把客人真正的需要卖给他”。

要做到必须“了解客户需求背后的为什么”。想了解要先学会“问”，经过充分准备，有章法地提问，在对的时机，问对的人和对的问题，从而得到答案。

客户需求有其阶段性，在后半期，必须能够判断“应该做什么”才能帮助客户解决问题。同时，业务必须拥有销售好东西给客户的卓越销售力。

销售力和客户对业务员的信任有关。通过对客户“说到做到”，准时交稿，不触犯客户忌讳，就能获取客户信任。

业务人员要关心客户，与客户心连心，唯有如此，才能明白客户表达的真义和指令背后的动机，从而预测客户的想法，让服务从一般服务升华成一流服务，达到服务的最高境界。

“把客户当作客人对待”，态度敬业，照顾好公司和客户双方的利益，就是将客户服务到底的关键，也只有这样，才能保持健康、快乐又长久的客户关系！

数字口碑营销

谁的消费者最会说故事，谁就拥有最强健的品牌。

“好东西要和好朋友分享！”这句话来自奥美（台湾）当时的创意总监王念慈，是30年前麦斯威尔咖啡的广告词，曾经连续5年经过全民票选，获得广告流行语金句奖。主办单位“动脑/广告人俱乐部”为了让新的广告语能够出头，颁了一个“永久金句奖”给这句话，从此这句话不必再参赛。这个广告语通过电视广告形成口碑传播，在民间流传，甚至被普遍地运用在各行各业的宣传之中。“好医生要和好病人分享”“好候选人要和好选民分享”，直到近期我阅读的一本时报出版社出版的翻译类畅销书中，仍然又看见了这句“好东西要和好朋友分享”。

过去的口碑传播多以口耳相传进行，在形式上，往往就是一句流行的广告词，被运用在相关的生活场景中，成为生活用语。

30年后，远传电信一支“爱要好好说”的视频影片，远传到大陆，获得3.6亿的点击传阅量。在大陆，当然没有远传电信的生意，但是人们总是对自己最亲近的人说出最直接、最不体贴的话，这一点更是大陆人民普遍的现象，因此，这支影片感动了许多人。经由计算机、手机、网络平台的分享，获得了3.6亿人次的观看。

很多父母转发这支影片给儿女，要他们学着点。现代的口碑传播不但实时快速，面广量大，而且传播起来不只是一句广告词的复制，而是整支广告影片的复制，百分之百地完整分享，没有任何信息的遗漏，甚至有些口碑的内容可以是全套成功案例的输出。

三年前的某一天，我去沈阳一家奥美刚并购的广告公司上课，进行思想改造的工程，台下100多对“陌生、冷漠”的眼睛看着我，直到我介绍到“左岸咖啡馆”的成功案例，台下那100多对漠然的眼睛，立即露出“熟悉、热情”的眼神，原来左岸咖啡馆的案子早已成为大陆东北业界的口碑之作，在东北从事广告行业我的同行，不但对此进行口耳相传，甚至主动上网收集左岸咖啡馆的作品，细读每一篇文案。一时间，左岸咖啡馆那种“强说愁”的文案风格，在东北的广告圈流行了好多年……下课时，许多学员拿着不相干的书籍或笔记本，排队前来请我签名留念，我一律写着："春天的最后一天，我在沈阳。"

口碑营销的进化

口碑传播，一种最古老的传播方式，却是一个传播的未来式。因为在未来，谁的消费者最会说故事，谁就拥有最强健的品牌。

过去的传播营销，是一种单向的传播，无论是广告还是公关，都是以大众传播媒体为平台，以不同的传播技术为工具（严格而言，直销也不例外），向目标对象进行有目的的宣传。宣传的目的正是要建立品牌的价值，以及与消费者之间的关系。而口碑在过去早就是用来检验这些宣传活动是否成功的最真诚的评估标准：当人们在聚餐时谈论你的广告，媒体争相报道你的新闻，你才是真正的成功。重点是："有口碑"证明曾经到此一游，而不是像大多数的宣传活动一样——春过了无痕。

然而，现在打造口碑的过程和过去不同。互联网的现代化，使人们可以在一秒之内复制信息，借着几乎每个人都有的社交平台，传播给无数的人。互联网上的平台，充满着提供讨论的场地，无论是官网、博客，还是任何一个活动网站，都让人们可以随时随地进行分享与讨论。这样大量、方便、快捷的分享结果，让消费者与消费者之间的互动沟通的效果已经远远大于厂商对消费者的传播。

因此，口碑的形成从过去的被动式，演变成如今的主动式。被动式的口碑传播，是消费者随着营销传播的刺激所做出的反应，主动式的口碑传播则是消费者主动参与的结果。于是，我们思考传播策略时，开始要将“目标听众群”改成“参与者”。

这些“参与者”除了随着数字生活的进步而进步，还可以更自由开放地彰显人性的多样面。记住，人性偏向“扬恶隐善”。原来 4 个传言中有 3 个是坏话，现在则自动放大成 40 万个传言有 30 万个是闲言恶语。加上保卫地球与消费者权利意识的觉醒，让原有“坏话传千里”的比例比以往更夸张。虽然，借此可以合理地将不良的商品与服务更加迅速地从市场淘汰，却也常让一点小失误就被放大成不合理的灾难。目前企业的口碑管理工作，大多是响应市场需求，目的在于改善关系，确保客户的满意度。**而未来的口碑营销将转向主动参与，即主动创造社群互动，提供对品牌有利，并且具有足够影响力的平台。**

口碑营销的重要

我相信，经过网络转发和实体口碑的传播信息量已经超过总体传播信息量的一半，也就是说人们在多家平台所获得的信息或知识总量，已经超越广告、公关、直销、促销的总和。其中，那些单价高、交易风险高的商品更加明显。例如，旅馆、金融、汽车、计算机、药品等。人们对餐厅的偏好度更是八成以上来自口碑的影响力。

2017年，有报道显示，网络口碑仅占口碑总量的（非常意外）7%，因为，人们在网络上的社交活动虽然已经极为普遍和频繁，但这种交流仅限于人与人之间，对于商品的植入，人们并不欢迎。

话说，这个7%的占有率，我认为非常重要，应该是当今数字时代启动口碑营销的关键，是口碑原子弹的引爆器，优良的商品或动人的品牌故事被识货的网络达人发现，于是转发线下粉丝，粉丝们又各自分享给他们的朋友，朋友再传给朋友，于是在线下的社交活动中成为大家的热门话题。事实上，人们在真实世界生活与交谈的时间是远远多于在虚拟网络世界的，我们在放大网络口碑效应的同时，也不要忽视真实世界的真实性。

在网络上进行口碑传播的最大的优点是，一次能快速分享给很多人。至于口碑内容的营造，则越接近真实世界的生活场景越好；同时，具有声光电的影片总是比满篇的文字有感染力。

如何规划口碑营销

规划口碑营销就像传教一样，要思考及策划的项目有以下几点：

1. **“神迹”**，品牌的大理想。

2. **“圣经”**，品牌与产品的故事大纲。

3. **“仪式”**，沟通的语言、身体语言、吉祥物、视觉艺术。

4. **“教堂”**，讨论区、博客、Messenger、社群，由文字升级为影音的分享平台。

5. **“传教士”**，忠实使用者、品牌的粉丝、类别达人……事实上，若没有“传教士”，以上皆空。

必须找到愿意谈论你的“传教士”，为他们提供乐意谈论的理由，并且帮助他们建立散播的平台与工具。这些潜在“传教士”的特质，原本就是喜欢发表的热衷分享者（即使他们在现实世界中可能是一个害羞寡言的人），他们通常也是社交网络的重度使用者。所谓“Buzz ＝ word of mouth ＋ word of mouse”（嗡嗡声＝口耳相传＋网络口碑）。

如何找到他们？

找到酒吧，就能找到酒鬼。除了分析官网的流量，追踪提意见的人之外，还要经常搜寻品牌或公司名会出现的地方。当有新客户的数据时，记得要追问他（她）：是如何知道我们的？是谁介绍来的？有时候，他们也会自己找上门来，通常就是那些“嫌货人”，也就是买货者，千万不要失去那些真正关心你的人。

如何帮助他们？

除了构建让参与者方便分享与快速转送的平台与工具之外，便是发展故事的原型。有了故事的原型之后，经过“传教士”的转化及“信徒”的加工，才会形成最终被消化吸收的内容。值得特别提醒的是，大部分的内容虽然由大部分的消费者提供，但其中最动人的部分仍是由少数的精英分子提供。

在设计这个品牌故事的原型之前，先要学习了解一个名词：迷因（meme）。

迷因

类似生物遗传的基因，迷因是一种文化的遗传基因，由复制（或模仿）传播，经过异变与选择的过程而形成。即某个人类大脑的观念，经由模仿或学习可以复制到另一个人的大脑中。虽然复制的观念不会与原来完全相同，可能产生突变现象，但会非常相似。这些同中有异的迷因在散布的过程中也会互相竞争，出现类似物竞天择的现象。

在我们所规划的故事原型中，品牌迷因将是其中的核心，这个核心的设计是用来打造故事的感染力，同时确保信息是有传染力的。

如何构思？

这个传染源的传染力通常源自人性的释放。有些因素已被证实是制作传染源的最佳成分：

1. **禁忌**：也难怪“性”在网络中的受关注度历久弥新。

2. **极娱乐**：一般性的娱乐根本就无法迈过网络使用行为中“3 秒耐心”的门槛，必须极娱乐！！！

3. **秘密**：这是为什么阅读率最高的总是那些专挖隐情、报道秘闻的报刊。

4. **对抗权威**：小骑士杀死大巨龙，小兵立大功，哈利·波特打败伏地魔，永远是小说、电影的必杀技。

5. **新发明**：这是亘古不灭的广告教条，当你有一个别人没有，但对消费者有意义的利益点时，千万不必客气，大声地说出来！

6. **真情**：90 秒商业宣传，4 分钟的剧情短片，就已经是数字传播内容的最上限了。目前，网友在接触数字平台时仍多是抱有理性目的的，或是在匆匆忙忙的气氛之下进行阅览。于是，只有感情是不够的，要的是真情流露。

如何强化？

杰出的设计师，总有能力将两种以上不同的情绪糅成一种全新的感觉，让人感到新鲜。

同时他能巧妙地根据品牌的利益点，提炼出一个绝对优势所带来的“副作用”。这个副作用看起来是说服上的弱点，其实是最具传染力的甜蜜点。

数字时代的口碑营销更重要

当今数字传播已是主流，数字营销最美好的部分是可以根据大数据分析，随时发现营销上的课题，并立即拟定解决之计。传播效果方面，也能得到实时回馈，于是可以实现传播内容的实时优化。以大数据为数字营销的基础，最大的好处是精准，让正确的信息在正确的时间点与接触点，对最正确的目标对象进行精准有效的传播。但是，另一方面，我个人更愿意在数字环境下信息的传染性上下功夫，在数字的生态圈中创造被传递分享的口碑作品，因为原子弹总是比来福枪更具杀伤力。

本章关注：

网络时代，口碑营销的模式和以往不同，由口耳相传的流行广告词转变成瞬间秒传的视频影片，传播效果史无前例。在未来，谁的消费者最会说故事，谁就拥有最强健的品牌。

口碑的形成过程已经从被动式演变成主动式。因此在思考传播策略时，要将“目标听众群”改成“参与者”。未来的口碑营销将转向主动参与，创造社群互动，提供对品牌有利，并且具有足够影响力的平台。然而，不可忽视现实世界的真实性。

在规划口碑营销时，可从“神迹、圣经、仪式、教堂、传教士”5个方面来策划。其中，“传教士”是一切的基础。

接下来在设计品牌故事的原型时，必须先了解迷因。迷因是文化遗传基因，是品牌故事的核心，能确保信息具传染力。当制作传染源时，则不可忽略“禁忌、极娱乐、秘密、对抗权威、新发明、真情”几项已被证实有效的最佳成分。

现今数字传播已是主流，优点的是可运用大数据分析，借助这一点，要对最正确的目标进行精准有效的沟通。

创意的管理之道

吸引最杰出的创意人员来你公司上班的唯一途径，不是对业界最当红的创意人员许以重金，也不是给予官职，而是要打造业界最强大的业务团队。

创意行业的管理是种艺术，却又充满理性。

事实上，关于创意的产出虽然有科学的方法提高其生产的效率，却不能保证每次的创意产品都非常杰出，**我们管理创意的目的，就是设法使创意作品杰出的概率最大化**。

首先，我们必须承认无法通过培训来提升创造的能力，也不可能通过严刑拷打逼迫出来。创造的能力是与生俱来的，是一种天赋，杰出的创意必定来自杰出的创意人员，而杰出的创意人员本身就必须是一块好料，是一颗钻石矿石，经过后天的磨炼切工、精雕细琢成为一颗美丽的钻石，闪闪发光，光彩动人！一颗石头，再怎么精致雕琢，也只能是一粒长得很像钻石的石头。

更残酷的现实是，创意人员的创造力并不能如同钻石一般永远闪耀。我所认识的创意人员如同歌手一样，会出现他的高峰期，也有他没落的时刻。因此在创意人员的管理原则里，只有一条，“要他，或不要他”，要他就全力支持，无条件地保护他。

另一方面，如果你想要拥有一家最顶端的创意公司，你就必须拥有最顶端的创意人员。最顶端的创意人员非常稀少，统计的数字分布如果用美国纽约帝国大厦的造型来比喻，最顶端的创意人，就像帝国大厦顶端的避雷针这般寥寥可数；大多数创意人员的分布就像帝国大厦直立的100多层楼层的面积，越往上削尖的部分就越为稀有。

吸引最杰出的创意人员来你公司上班的唯一途径，不是对业界最当红的创意人员许以重金，也不是给予官职，而是要打造业界最强大的业务团队。因为杰出的创意人只会寄生在最杰出的业务团队中，他们想要专注在创作上，而好作品除了要有优秀的才情之外，还需要足够的时间与充沛的金钱，也唯有一流的业务才能搞定时间与金钱。

创意人才无法培养，业务人却可以

创意行业的最佳管理原则便是“无论什么错都是业务的错”，说到底就是对创意施压，事情的变化不大，而对业务施压，事情才有改变的可能。创意人才无法培养，业务人却可以。创意人无法勤能补拙，业务人则可能勤能补拙，至于策划人员则应该如何定位？以我对策划人员所要求的水平，策略不只是逻辑的推演，而是有“黑魔法”般的创意，好的策略也必须是有创新的见解、出乎意外的洞察，以及奇妙无比的奸计，因此我将策划人员归属在创意人员的范围。

回到主题，在内部对创意进行时，我都是用爱与信任的态度相信创意团队已尽其全力，在时间有限的情况下给我最好的东西，所以就算我觉得不满意，面对客户时也会全力支持。但盲目地支持，也会被客人识破。有一次，客人打电话给我：“阿桂，你说你的创意好？你若不是太老练地说谎，就是年纪大了，失去了鉴赏力！”当然，如果我的创意人员一直都没有产出好货色的作品，那么一只不会产乳的乳牛就该被送去做牛肉干了。

事实上，创意人员对自己的东西好不好，心里十分明白，因此，对我的“白色谎言”，他们也心知肚明。有一回我在内部的审核会上，通过了 4 支第二天就要提案的创意作品。我的创意伙伴，当时的创意总监郑以萍，却对我说：“阿桂，你并不喜欢我这次的作品！”“谁说的？我刚刚不是才说这几支脚本不错啊？”我回答道。她接着说：“但是，你的眼睛没有散发美好的光芒，以前我给你过目我的作品，虽然你口头问有没有更好的，可是我看见你的眼神会发出一种奇妙的光彩，我心里会知道我打动你了。”

如何建设性地审视创意作品

站在客人的角度，如何审视代理商的创意作品才最有建设性？创意作品不断被优化的过程，才是最有意义的过程。对此我有三点建议：

一是从创意的目的来审视作品是否合乎拟定的策略。有些创意人员擅长运用文字游戏的方式，将一个明明不合乎策略的作品，合理化成一个貌似合乎策略的作品，所以我们不要从文字的细节来解释是否合乎拟定的策略，而是从作品整体的 idea（创意）来判定是否合乎拟定的方向。

如果不合乎策略，不一定要马上否决这个作品，而是思考一下这个作品是否更巧妙地解决了我们的商业课题。消费者不关心我们的策略想法，消费者接触的只有我们的作品。如果一个不合乎原定策略的创意却能更有效地解决我们生意上的问题，那么是我们不小心中了大奖，因此回头改变原有的策略，应该是最实际的做法。

二是不要一开始就为了风险管理去审视这个创意作品的缺点，而是努力去寻找这个作品的优点，然后请代理商将这个优点放大到极致。

正如我之前所提，所有 big idea 的原型都是来自一个 small idea，所有的大树都是来自一粒种子。正如我们要培养一个人的潜能，就是要发掘他的优点，解决一个人的缺点，绝对无法极大化一个人的潜力。一个没有缺点却平凡无趣的点子，只是不让人讨厌，却无法令人情不自禁地爱上它。

三是要明白一个真理："不冒风险往往是最大的风险。"这一点也最重要。所有传播，无论是什么媒介或内容，最大的风险就是根本没有人注意它，没有人关注它。

冷漠与视而不见是让所有精力与财力化为零的主要原因。如果我转职为客户方的话，无法让人注意的广告，我是绝对不会放水的。当任何与此违背或是冲突的因素，我会选择一定要有创意，并且因为创意而被人注意。

对于一个失败的作品，我宁可杀出认赔，也不愿意在缺乏创意的作品上面花费哪怕一毛钱的媒体费用。我会原谅并告诉我的代理商："你们遇挫折必须尽快恢复，再接再厉，再去想一个真正有创意的作品。"

以上，对创意评鉴的方法，不只在广告公司有效，对于任何发包、文创相关的甲方，都具有参考价值。

本章关注：

创意管理兼具理性和艺术，其目的在设法使创意作品杰出的概率最大化。

创意力无法通过培训来增加，管理原则只有“要他，或不要他”，要他就要全力支持，无条件地保护他。

最顶端的创意公司是因为拥有最顶端的创意人员，要吸引人才就要打造业界最强大的业务团队。一流的业务能搞定创意人专注在作品之外，所需要的足够时间和充沛金钱。

要如何审视代理商的创意作品呢？有三种方法：1. 从创意的目的来审视是否合乎拟定的策略，有时虽然不合乎策略，却能打 A 中 B 中大奖；2. 不为了风险管理而审视作品的缺点，而是努力寻找优点，并将优点最大化；3. 最重要的是，“不冒风险往往是最大的风险”。

Part 3

一些谣言与真理

广告将死?

在这数字当道的时代，流传着一种论调：“传统广告已死。”这个论调从12年前，当DVR（数字视频录像机）上市时就开始了：在10年内，人们观看电视的行为将彻底改变，人们可以将电视节目根据个人的喜好记录下来，重新安排播出的顺序，而广告将被彻底地排除在外。于是电视广告将不再存在于世，而电视台将改为把产品植入节目，直接连接网上购买渠道，建立从中抽取佣金的新商业模式。12年后，电视广告依然存在，这个趋势预测被证实是个错误不实的推论。

然而随着数字科技的大进步，大数据开始形成，在数字时代实现的过程中，有关广告将死的论述，再次一波又一波地被提出……

忽悠与谎言

谎言和忽悠有所不同，谎言是明明知道是错的，但是因为某种利益而选择说谎。因此说谎的人是知道对错，但故意说错；忽悠则是不知道对错，也不想知道事实，只是因为立场不同，才进行的似是而非的合理化言论。如今号称数字“专家”“达人”宣扬的所谓广告已死，刻意将大众传播归类为所谓传统传播方式，暗示其为过去式，甚至将其丑化为没有未来的传播方式的言论，就是属于忽悠的行为。

国王的新衣

最近开始出现一些一语破的的言论。鲍伯·霍夫曼（Bob Hoffman），美国著名 Type A Group 的创办人说：“只有疯子与呆子才会继续不断地向社交媒体之神膜拜。”2010 年，美国百事公司将全部电视广告预算改投在所谓数字媒体，如推特、脸书、YouTube，进行一次全面并且专业的数字营销之后，虽然粉丝数倍增，但结果市场成绩，包括百事可乐和健怡百事可乐各掉了 5% 的市场份额，让百事从第二名落为第三名。

另一位澳洲的著名教授及品牌顾问马克·里特森（Mark Ritson）则提出：“社交媒体已经过时，数字营销也已落伍，2016 年的关键词是整合营销传播。”

整合营销传播？这不是20年前的老玩意儿，其实这也不是所谓复出江湖，或是所谓的回到根本，而是整合本来就是个硬道理。作为营销传播业的真理，整合营销传播一直存在，从未改变，只是我们喜新厌旧，甚至因为讲太多、说太久，“整合”成了“贬义词”，成了不进步的标签。

数字会说话

根据加拿大的统计资料（2015），加拿大全国排名前10的品牌在脸书的总粉丝数，占其总顾客人数的比例不足2%，也就是100个顾客里最多只有两个人是脸书粉丝。营销的资源如果只花费在维持这两个人和品牌的互动上，另外98个人的生意要如何照顾？事实上，在7天之内和品牌互动的人中，每2500个顾客中只有一个人会和品牌互动，这10个品牌的粉丝数加总起来还不如小贾斯汀一个人的粉丝数。小贾斯汀的粉丝数是加拿大全国十大品牌在脸书上粉丝数的27倍，在推特上这个数字是100倍。

这个现象在台湾也不例外，我们任选10个台湾知名品牌的粉丝数进行加总，竟然都不会超过范范（范玮琪）一个人的粉丝数！

社交媒体就是用来社交的媒体

为什么只有很少数人会参与社交媒体中的品牌营销活动？道理很简单，社交媒体就是用来社交的媒体，而正常的人类只和人类社交，在社交媒体的环境中，商品的植入是被人类抗拒，甚至讨厌的事。

澳大利亚的数据显示，少数参与社交媒体品牌活动的粉丝中，有 66% 是不交流的，剩下有交流行为的 34% 之中，有 83% 只和少于 7 个品牌互动，其中互动的内容大多是和促销信息有关。

为什么人们只和非常少数的品牌互动？因为真正已经被拟人化的商品，实在太少。由于人们只和已经拟人化的品牌互动，所以当我们真的想在社交媒体上进行互动性的深度对话传播时，我们必须已经成为一个真实强大的品牌。

品牌才是王道。

台湾盛行的手机社交媒体 Line（功能类似微信）用来说正事或闲聊；脸书用来看别人的事，找曾经的朋友；谷歌用来搜寻问题，涨知识；雅虎用来看新闻，买东西……以上使用行为和别的地方没什么不同，就是不会被当作和品牌进行互动的平台。

电视落伍了吗？

在这个数字时代，有哪一种载体是非数字化的？答案是没有。从广义上讲，电视都已经数字化。有人说电视已经没人在看了，但事实上所有的视频，包括电影、新闻，有 80% 是从电视上观看的，只有 20% 是从手机、iPad（平板电脑）及计算机上观看。

台湾电视台平均每天接触 1615 万人次，TVBS 新闻一天可以接触 550 万的民众，有线电视的订户从 2007 年的 468 万在 2015 年增为 504 万，MOD（Multimedia on Demand，中华电信）的订户也从 40 万增加到了 130 万。根据润利艾克曼 1062 人的调查，电视仍是最受信赖的媒体（41%），而网络只是 15%。

社会学≠市场学

事实上，人们开始大量运用方便携带的载体，如智能手机等，来沟通交流与获取信息，这正如过去电话机早已是人类最佳的通信工具，但并不代表电话就最适合用来销售商品或建立品牌。如今，电视广告，尤其在台湾，依然是投资回报率最佳的大众传播工具，30 秒电视广告播放的每千人成本是 200 元，而 30 秒脸书广告的每千人成本却是 6000 元，就算有一半电视观众是在低头看手机，也不过是 400 元，就算是剩下的一半的人，没有把广告从头看到尾，那么电视广告的成本也只是 800 元，和网络广告的成本 6000 元的差距依然很大……

讽刺的是，智能手机的上市反而减少了人们在广告时间转台的可能，87% 的人会在广告时间仍然待在电视机前，另一方面，只有 0.001% 的人会主动打开在线的横幅广告。

广告是创造口碑媒体（earned media）的最佳工具

广告不等于电视广告，广告的定义是广而告之，追求的是如何让信息被最大化地传播，口碑的产出一直是广告最重要的关键绩效指标（KPI），在这个数字媒体兴盛的时代，广告口碑的渲染经由更好的分享机制，被扩散到以前传统媒体无法到达的地方，因此广告比任何传播专业都更加拥抱新数字媒体。不可否认，视频这样同时具有声光电的沟通形式，是比只有文字、图片，或只有声音的传播内容，更容易被人类吸收和分享。世界有名的“冰桶挑战”，如果不是用视频，而只是用文字，是不可能刺激出巨大的口碑媒体效果的。

其实冰桶挑战的作品，本质上是属于广告专业的范畴，因为广告思考的是，如何用单一信息感动最多的人。好的广告就像一颗原子弹，它的辐射往往超出预期，2015 年奥美为远传电信出品“爱要好好说”品牌广告，在一个月内创造了 3.6 亿的点阅浏览。

数字营销是个伪命题

这和数字营销无关，而是和在数字世界中有效地营销有关。（It is not about doing digital marketing, it is about marketing effectively in digital world.）

——帝亚吉欧洋酒集团首席执行官　孟轶凡

我们思考营销，不应该从如何进行数字营销为起点，而是应该先将营销本来就该规划的产品、价格渠道的营销策略落定。接着，通过定义商业上的课题来拟定传播的目的，再根据这个目的进行整体传播的规划。最后，考虑如何在这个数字时代，根据人们使用数字工具的行为与态度进行有效接触点的规划。也许，正是这个显而易见的论述太过理所当然，导致人们觉得了无新意，于是我们久而久之就忽视了。

拥抱数字时代

我们绝对不是反对随着数字时代来临，新生的许多有关传播的学问。我们自许要更加虚心地去学习并了解消费者在数字时代行为上的变化，探索在数字世界洞察（insight）如何运用在广告原有的学问之中。我们再度强调广告学追求如何聚焦信息，让更多人有感，并且终生难忘。我们只是不认同“将数字传播放在营销传播之前，尾巴摇身体”的想法与做法。

整合传播，历久弥新的关键词

回到教授马克·里特森（Mark Ritson）的说法，我们主张要回归最实际的整合营销传播概念。

首先，不要事先将预算分成所谓传统媒体与数字媒体两种，而是规划一种总预算，事后再分配。所谓事后，就是在创造一个打造品牌的平台之后。换句话说，所有传播活动的规划设计，都要从建立一个打造品牌的平台开始。

当我们拥有一个打造品牌的平台之后，我们再思考如何在数字时代去规划所有有益品牌销售的接触点，包括在社交媒体及其他数字媒体上的精致安排，与如何促进人们互动交流和分享的妙招。

总之，让所有数字营销都在一个伟大的品牌概念（branding idea）之下。

本章关注：

数字时代，传统广告已死的论调已被证实是错误的推论。整合营销传播是一直存在的真理，从未消失。社交媒体则是用来社交的媒体，不是用来和品牌互动的平台。

电视仍是人们观看视频最常使用的载体，也是比网络更受信赖的媒体。电视广告在许多地方依然是投资回报率最佳的传播工具。

广告是创造口碑媒体的最佳工具。广告不等于电视广告，广告追求如何让信息被最大化传播。口碑一直是广告最重要的 KPI，数字媒体时代，广告口碑的渲染效益非凡，因此，广告比任何传播专业都更加拥抱新数字媒体。

数字营销是个伪命题，重点是如何在数字世界中有效营销，而非将数字传播放在营销传播之前。

在进行整合营销传播时，不要事先将预算分成传统媒体和数字媒体两种。所有传播活动的规划设计，都要先从建立一个打造品牌的平台开始。拥有打造品牌的平台后，思考如何规划所有有益品牌销售的接触点，让所有的数字营销都聚集在一个伟大的品牌概念之下。

有关广告的七大误区

诚实面对自己，才能在我们既是科学又是艺术，既有逻辑又必须有“黑魔法”的行业中，累积真正的专业知识。

像我这样，在一个行业里专心做了三十几年后，对所在的行业自然有所领悟，对于广告专业的理解，我自许比许多拥有10年、20年广告从业经历的人更加丰富与坚定。广告业是个说故事的行业，有时候为了已经产出的结果，在提案日期已到，但是尚未真正找到最好解答的时刻，我们不得不将提案内容加以合理化，然后卖给客户。将结果合理化，在我们这个行业是再平常不过的事，并且绝对合乎道德。然而，如果缺乏了反思自省的能力，就会将自己合理化的结果误为真理，从此信以为真，失去专业判断的能力。

我常提醒自己，也常告诫部属，在不合理的合理化之后，一定要跳出自己，用超脱的眼光看着自己，绝对诚实与客观地审视自己：我提出的课题、策略、创意作品，是不是自己真正相信的观点？还是时间已到，不得不交出作业的作品？有这个诚实面对自己的好习惯，才能在我们既是科学又是艺术，既有逻辑又必须有“黑魔法”的行业中，累积真正的专业知识。以下列出的7个广告认识误区，是我这三十几年中在工作上不断遇见的故事。

一、将广告公司当作营销顾问

我年轻的时候，心气高，眼界低，以为做了几个成功的广告案例，就可以自许为营销顾问，对客人营销上的做法指手画脚。向客户建议营销的做法，对广告公司有很多好处：（1）客户会觉得你很关心他的生意；（2）才可能和客户高层有对话的机会；（3）借机提高代理商的地位，而不只是做下线；（4）可以收费，赚更多的钱。

对懂营销的客人而言，代理商所提出一些营销建议姑且听听，说不定乱枪打鸟中到一些不错的点子。一个令我非常钦佩的客户对我说过：“我绝对不会笨到请广告公司做我的营销顾问，姑且不说营销本是我们客户应该做的，广告公司的人每天花多少时间在真实的市场？即使是广告公司的策划人员，同时要做好几个客户，怎么可能像我们全天候地想一个产品、一项事业？营销的专业来自专注！”我辩道：“就是因为我们看过不同的产业，所以我们可以累积营销的真谛，借由他山之石给你们一些不同的观点……”他毫不迟疑地回答：“所以我也会欢迎你们提些观点，即使不专业也能刺激一下我的想法。你们是在营销上帮我们说故事的传播伙伴，但绝对不是营销顾问。”

对于那些不懂营销，或只懂半吊子营销的客户而言，如果要给我生意，要我们做所谓的营销顾问，我也是会厚着脸皮讲出一些营销的道理。先搬出一些不常见的营销模块，卖弄一些吓人的营销专业名词，做一些假设，然后全力去合理化。我不心虚，因为我知道至少我比他懂一点营销，谁叫他不用功，想走快捷方式。但是，如果这客人是我的好朋友，我会诚实地告诉他，别找广告公司来充当营销顾问，应该踏踏实实地建立一个真正的营销部门，或是找一个在相关行业类别至少待过 10 年的资深营销人员来做营销顾问。

我虚心求教了同行中几个号称能做营销顾问的高手，而他们脸不红、心不跳的自信打动了我，我相信他们不是自欺欺人，但我发现原来是他们降低了营销专业的门槛，说的是品牌传播策略的内容，却挂上营销专业的行头。“营销”这两个字的定义，因人而异，难怪我认定是忽悠的事，他们却一点不觉得，并且振振有词。

我个人非常敬畏“营销”这两个字，也因此非常尊敬我的客人，并且我相信大部分的客人比我懂得真正的营销。因为他们专心在一项事业上用尽他一生的心力，值得我虚心倾听，向他们学习。我相信大部分的客人比我更有生意头脑。另一方面，我相信我比客人更有创意，更懂得如何影响消费者，更懂得如何说故事，这就是为什么他是我的客人，我是他的代理商，各有各的专业。

二、广告越和产品相关就越好

定义广告的相关性是广告专业的一部分，然而几乎所有对“如何做广告”稍有心得的人，都普遍有这样一个误区，就是广告越和产品相关就越能够帮助销售。我由衷地认为有这样看法的人，要不是对广告的专业一知半解，要不就是对广告专业不求甚解。广告专业的风险在于很多道理都是片面的说词。我常遇到对广告作品有意见的人，批评这个广告和产业不相关，比如说：网络广告要有网络感，电信广告要有科技感，银行广告要有稳重感，啤酒广告要有欢乐感，饮料广告要有清凉感，食物广告要有食欲感。这些是任何人都可以信手拈来的学问，但在我看来，这正是因为对商业课题不清楚，或对作品没信心才跑出来的评论。

广告的风格与语气，应该和广告要说什么相关，或和产品拟人化之后的品牌个性相关。除此之外，增添任何相关性的定义都是增加创作的杂质，这似是而非的正义之词将无形但明确地削弱创意。多喝水的相关性和广告的信息“没事多喝水，多喝水没事”相关，大众银行的相关性与品名“大众”相关，全联的广告和品牌过分老实的个性相关，如果一定要和产品或产品类别的属性相关，我认为是不可能出现以上成功帮助销售的广告作品的。

说得更明白一点，广告也许会和产品所提供的类别的利益点相关，但未必和产品所属类别给人们的感觉相关，或是与人们体验产品时的心情相关，这是自作主张的判断，并没有和传播的课题相关。左岸咖啡馆的广告和咖啡的类别利益——放松休闲相关，宜家的广告和家具的类别利益——改善空间相关，也就是和类别的利益点相关，来增加人们对产品的联想。这才是合理的思考，而和所谓产品类别给人的感觉相关，只不过是个人生活体会的直观说法。

至于相关性要想更专业，若要再进一步地了解，则必须悟出“广告追求不相关”的道理。直接相关的广告永远不如间接相关的广告来得巧妙，想让人一见钟情，永远记得，广告就必须给人创意满满的感觉，而这就是来自不相关的相关性。看来毫不相关的事却最终巧妙地相关起来，这就是创意！

三、用广告来说服人们

广告，从来都无法说服人们，而只能影响人们。主要因为广告时间都很短，电视广告 30 秒，报纸广告 10 秒决定是否要看内文，户外广告5秒就结束，这么短的时间里只能引起人们注意，留下一个印象。再加上广告是可以被人们识别的，当人们看见或听见广告时，就立马知道这是有人付费来叫我买东西的广告，所以广告很难说服人们，很难让人相信它是客观的，而给人客观的信任感是说服别人的必要条件。

广告虽然无法说服人，却能对销售有很大帮助的原理是：广告可以给人们好印象，让他们愿意接触你，给你一个更详细介绍的机会；广告可以刺激人们给你一个试用的机会，特别是那些购买风险低的产品；广告可以改变你对某些事物的看法，而你对这些事物看法的改变会有利于某些产品的销售；广告可以激发你购买的动机和欲望，而你会情不自禁地选择那个向你说话的人做出第一次购买；广告可以提醒你使用产品的美好体验，于是，你会继续使用，不断购买相同的产品；广告可以提倡一个有利于品牌做生意的主张，于是，你会产生对品牌的偏好，在众多的选择之中选择了广告中的商品；广告可以告诉你促销的信息，加速你采购的行动……

广告在完成以上任务的过程中，不是用说服的手法，而是用娱乐的方式来打动你，讨好你，引起你的共鸣，使你产生兴趣。“说服人们购买”是很讨人喜欢的一句话，但事实上，这不是具有大众传播本质的广告的强项，若要说服人们，不应该用广而告之的宣传方法，而是用一对一的传播方式，甚至用公关的客观性来赢得人们的信赖，达到说服的目的。

“说服”这两个字在广告界是个常用的话术，但不是事实。利用广告强行说服人们，往往不会达成说服的目的，反而会一事无成，成为一个浪费金钱的广告。

四、广告要反映消费者的真实生活

许多人认为广告如果能投射目标对象的生活形态，就会引起消费者共鸣，借此达到促进销售的目的，这也是一个误区。

广告应该投射消费者心目中向往的生活形态来引起共鸣，因为人类永远不满足于现状，总是希望未来有更美好的生活。事实上，限制创意人员采用生活片段来说故事，并不是真正的道理，只是个人的推理罢了。我并不是说广告不宜采用生活片段来说故事，我强调的是生活片段是创意的题材之一，它不应该成为策略的限制条件。

正如前文所言，针对蓝领采用他们现实生活的场景来说广告的故事，一点也不讨好，反而让人觉得品牌背后的人瞧不起他们。

五、越大气的广告越能帮助销售

特别是在中国大陆，台湾当然也不例外，许多客户一开口就说他们需要一个看起来很大气的广告。其实，我真的不明白为什么他们认为大气的广告就会有助于销售，但我很确定若要真正做出看起来很大气的广告，应该要很大气地花很多钱。

我的猜测：有人觉得所谓大气的广告就暗示着这家公司规模很大，不会倒，所以与它做生意，从它那里买东西不用担心，大公司有品牌有保障。我认为这个“大”的效应只有让观众感知你的广告花了很多制作费，于是觉得能花这么多钱又上这么多的媒体，因此觉得这是一个来自大公司的广告。

我的经验：让人觉得是一个有创意的广告，比让人认为这是一个大气的广告，更能让人们相信你是一个优良的企业。而汲汲营营地追求大气的广告，往往得不到一个有创意的广告。创造新的视觉、新的感受是个奇妙的过程，凡是对创意人员下不当的指令，往往越想要的东西就越拿不到，这也是创造过程中令人感到奇妙的事实。

六、每次广告失败都做事后检讨，广告就会越来越好

事后检讨、自我反省是种美德。在许多行业，例如工厂、餐厅，甚至营销领域，经过不断地检讨，的确可以避免再犯相同的错误，累积成功的经验，为再一次演出创造佳绩打基础。但是，在作为创意行业的广告业，却是越检讨越难做出好广告。

以前的我也不懂这个道理，而是经过几次流失客户的经历之后，才明白这个不断检讨的多米诺骨牌效应。这些故事大部分是发生在拥有一个非常有纪律的营销团队的客户身上。故事的开始总是这样的，当出现一个失败的广告时，客户会这么说："当然这个广告失败，我们也有很大的责任，但是代理商也该检讨一下，下星期能不能麻烦你们提出一个改善计划。"为了要有模有样地提出一个有内涵的改善计划，代理商只好编出一些理由，设定一些新的规范，来指导下一回的创意发展。

然而，这些被合理化出来的许多指导原则都是限制创意的毒药。大家都不自觉地自以为这是专业的创意管理，结果下一个广告当然不会更好。于是，为了追求卓越，又再次进行检讨，结果限制条件越来越多，创意空间越来越小，终于长久没有好作品，最后客户就流失了。真正会自我反省的客户很少很少，要求代理商反省的客户很多很多。**最长久的客户是真正的伙伴，他们不会在广告失败后要代理商检讨汇告，他们只会说，这个广告不成功，你们好好加油，下次给我一个好广告吧！**

七、广告要经常换，以免消费者看腻了

事实上，最先看腻的人是广告公司的人，再者是客户，最后才是消费者。而且，除非你的广告量特别大，铺天盖地，每天轰

炸，否则广大的人民群众是永远不会腻的。这是个非常简单明了的事实，但是，大家总是看不清楚。

也许，广告经常翻新是这个行业生态所培养出来的结果，因为广告的收费不是抽成就是收年费，所以放着广告公司不做事，不想新点子，不就是浪费了吗？于是就以广告公司应该突破创新的正义之师，来要求广告公司提出和过去不同的点子，来平衡所支付的费用。

然而，只要新鲜的点子和过去不同，就会失去大众传播最好的优势，也就是累积广告资产。不连续的要求，当然不会累积。奥美前任的全球创意总监尼尔·法兰奇（Niel French）曾经做过一个研究：好广告与伟大广告的差别在哪里？所谓好广告来自突出新鲜的相关性，而伟大的广告只发生在当你连续做一些好广告，并且因此累积了一定的广告资产，这时候，你才可能有机会去做伟大的广告。有了广告资产的好处就是你的信息不必从头说起，你可以借既有的广告资产来撬动全新的信息，但又不会失去和产品利益的相关性。于是，你的起跑点正是别人的终点。

当你有一个点子能够帮助你打动人，能帮助你销售商品后，千万不要轻易放掉，就像一匹正当红为你赚大钱的赛马，你怎么可能要它下台，要它休息呢？**持续累积，不放弃好点子是我做广告多年的最大的心得**。

本章关注：

诚实面对自己，才能在既是科学又是艺术，既有逻辑又必须有“黑魔法”的广告行业中，累积真正的专业知识。我们必须反思自省，跳脱主观，绝对诚实与客观地审视自己提出的课题、策略、创意作品，是不是自己真正相信的观点。

广告工作经常重演下列 7 大认识误区：

1. 将广告公司当作营销顾问。

2. 广告越和产品相关就越好。

3. 用广告来说服人们。

4. 广告要反映消费者的真实生活。

5. 越大气的广告越能帮助销售。

6. 每次广告失败都做事后检讨，广告就会越来越好。

7. 广告要经常换，以免消费者看腻了。

当我们能够诚实审视自己、避免误区时，必能获得专业知识累积，进而表现亮眼。

品位与广告

品位是悦人的、美好的、精致的、优雅的、艺术的、细腻的、古典的、有教养的、精准的、纯净的，但不矫揉造作的；而广告却是打扰人的、烦人的、杂乱的、不可信的、好笑的、滑稽的、前卫的、被买通的、矫情的、造作的，因此，广告是否需要品位？

许多人认为，广告和品位这事不相关，甚至是不需要品位的，有以下几点原因。

一、许多商品的销售信息本身就无法容纳品位

例如痔疮药、香港脚药、强精固本的补品，这些商品怎么可能与品位相关联？若是红酒、豪宅、时尚精品，才会和品位发生关系吧？

二、许多目标受众根本不懂品位，怎么会需要品位？

例如，蓝领工人，乡下农夫，没知识、低收入的贫穷人家，以及某些三四线城市的居民，他们或许没有机会接触品位，或许没有心情追求品位。

三、讲究品位很花钱，很费时间

没错，有些导演费千万元台币起跳，大部分的明星代言人的代言费也是千万元台币起跳！将从制作费中省下的钱投入在媒体上，扩大传播的广度或增加宣传的频次，会更有效果。

况且，现在是追求速度与实效的时代，慢工出细活已经成为一种奢侈，等到一切完美，也许我们早已失去商业先机。

四、最重要的是品位对销售没有帮助

有品位的广告，也许使消费者添增了一点对品牌的喜欢，但影响不大，而且很难评估品位对销售的贡献。这种只凭信念、不可量化评估的东西，不值得去迷信，更不值得去冒险。

有品位的广告通常意味着说服力不够，广告要有销售力，就一定要有说服力！

五、最后，把个人的品位强行加在他人身上，是件傲慢自大的事

品位通常是很具个人风格的，每个品牌都应该有不同的个性，强行植入品位其实就是为品牌强行置入个人风格，这样的行为不只对品牌不利，甚至有害！因为这会打乱品牌独有的个性。

然而，以上皆非！

没有品位，广告就失去了灵魂

事实上，品位是广告的灵魂，是抽象、不具体但又真实存在的好东西。人类天生就有感知品位的能力。有些人受过教育，经过磨炼，对品位比较有识别鉴赏的能力，有些人虽然缺乏相关能力，但所有人对品位都有直观的感受，许多经常出国的“土豪”开了眼界之后，就再也无法忍受低俗了。

一、所有消费者都能意识到在广告背后的那些人如何看待他们

有一回，我去石家庄做调研工作，住在一家假日酒店。在石家庄，这种假日酒店有两家，一家是平价的快捷酒店，一家是五星级的洲际酒店。我搭乘出租车返回酒店时，师傅听我说：“回假日酒店。”他不懂英文，问我：“是比较高档的那家，还是不高档的那家？”我问他：“从外表怎么分辨哪家高档？哪家不高档？”他回答：“我说不清，但我就是知道！”

另一回，我去长春，也是工作调研。在飞机上遇到一个来台的长春游客返乡，其中一位长春劳动局的大妈组长说：“你们台湾有很多卖假表的。”“你怎么分辨假货和真货？”“我说不清，但我就是可以分辨！”

我曾经参与一次调研，调研的目的在于研究“台湾蓝领工作者喜欢什么样的广告”。报告显示，蓝领工作者对于那些拍摄工人积极向上、吃苦耐劳、努力打拼的广告片其实很不喜欢，他们认为，这些故意利用他们的生活片段来引起劳工共鸣的影片是厂商对他们的歧视。他们意识到，这种广告背后的那些人认为蓝领工作者是不值得拥有品位的，甚至暗示他们头脑简单，四肢发达。

二、的确，品位是要花费金钱和时间的

相同的点子，花费较多的经费制作的广告一定比花费少量经费制作的广告质量优良，这是天经地义的公平交易。如果执行能使广告信息增加 10% 的效果，增加的效果就会被复制在每一档次的接触点上，这才是合算的数字游戏，在制作上增加投入比在媒体上增加投入更合算。

我的经验：从投放预算拿出 20% 作为制作预算是合理的。太多没必要，太少则会有低俗或拙劣的风险出现，我们就算没有品位，但，千万不可制造低俗。

三、品位绝对可以促进销售

因为品位将让广告信息有感觉，从而变成人们永久的记忆。就像有品位的艺术品才能变成价值永存的古董。一只廉价的塑料拖鞋永远成不了古董，精致的木雕拖鞋可以。

四、理性的说服，若有品位将更有说服力

因为品位会给人一种愉悦、美好的感觉，这种感觉会提高广告的沟通效率。理性的说服，再怎么有逻辑，再如何有道理，都像是在说教，世界上没有人真正喜欢被说教，虽然我们也许满心真诚地受教。人类喜欢享受沟通的艺术、真实的产品好处，或者为什么要买的道理，如果拥有有品位的包装，广告信息就会变得更好消化、更好吸收。

五、加入个人风格，是道德的

因为太多的商品没有真正拥有差异化的卖点，我们可以借由设计师特有的风格，加入传播作品，成为产品个性的一部分，加入与品牌相关的个人风格，是让没有卖点的商品迅速吸睛的快捷方式。

如何创作具有品位的广告

一、细节，注意到每个细节，并且仔细处理

人类的感官是察觉不到广告制作是否用心的，虽然他说不出来哪里好、哪里不好，但是潜意识中他是知道的。

细节的快感是来自人们无意中体会到的作者的用心或巧思，这种快感其实就是人类解码的快感。通过解码，受众在心理上能感觉到与作者的心灵默契，也会因为自己的智慧与聪明获得肯定，而产生一种由衷的愉悦感。

品位是一种细节的美学。

二、单纯，不掺杂任何杂质

大众传播的真理就是单一信息，品位虽然不是信息，但品位是信息的附加价值，是依附在单一信息的延伸物。品位是一种纯化，越是干净的点子，就越容易拥有品位。

品位无法包容杂质。

三、含蓄，提供一种说服的艺术

含蓄，一方面能够满足人们享受解码的快乐，另一方面则能够留给消费者想象的空间。

我曾经做过一个研究——“魔镜啊魔镜，谁是世界上最美

丽的女人？”我收集了许许多多美女的照片，并让消费者加以分类。其中有清秀佳人，有冷艳美人，有热情烈女，有优雅贵妇……最后是神秘女郎。被归类在神秘女郎的共同点是：照片上的女人都没有露出全貌，全是半遮半掩。这个类型竟被消费者认为是最美丽的女人。因为局部看不见的部分必须由人们的想象来填补，人的面貌美不美取决于左右两侧的对称，人的想象力恰恰能够提供最完美的对称，所以虽然不同特质的女人各有所爱的人，但带有部分黑影的神秘女郎是人们共同的喜爱。

含蓄，提供品位。

四、做到不凡，即使不是绝对创新，但一定要有创新的元素

品位，这玩意儿的确需要一点才情才搞得出来。品位需要一种稀奇感，这种稀奇不见得是由全新的突变而来，可以由原有的东西重新组合而成。著名的电影《泰坦尼克号》若只是一部纪录片很可能就没有多高的票房，但是这部电影混合了叛逆脱轨的压力与迷恋追求的快乐，形成了一种新鲜稀有的冲突情绪，因此产生了娱乐的新鲜感。

此外，只要不凡，即使很本土、很乡土的题材都可以有品位，当本土的东西被精致化到一种程度，就会有品位。

有品位的广告，不等于让人看不懂的广告。有品位的广告不仅让人们知道它在讲什么，并且让人们在吸收信息的过程中感觉良

好。以三四线城市的居民为目标受众进行推广时，我总听见一种论述："要直接易懂，不要高大上。"这句话暗示着对农民工应该走低俗粗暴、硬性推广才是最有效的传播方法，其实这是一种误区。

对三四线城市居民宣传的路线当然不必高大上，但也不可以低俗粗暴，而是要有乡土的品位，莫言的得奖作品说的就是三四线城市人们的故事，真正"鬼畜"（洗脑、恶搞、爆笑）的好广告绝对不是低俗到爆的作品，而是虽然不是主流，但是有自己独特风格的作品。

本章关注：

品位是广告的灵魂，是抽象、不具体但又真实存在的好东西，广告并非和品位不相关。

人类天生就有感知品位的能力，所有人对品位都有直观的感受。

品位和广告的关联有：

1. 所有消费者都能意识到在广告背后的那些人如何看待他们。

2. 讲究品位需要花费金钱和时间。

3. 品位绝对可以促进销售。

4. 品位会增强说服力。

5. 为广告加入个人风格是道德的。

要如何创作具有品位的广告呢？注意细节；保持单纯、含蓄，提供说服的艺术；做到不凡，要有创新元素。

有品位的广告不等于让人看不懂的广告，真正的好广告是，虽非主流，却是有自己独特风格的作品。

明星代言

找明星做广告，就是要明星演自己才值代言费，否则何必用明星，就找广告演员就好。

明星代言，是营销界从过去至今天，经常运用的营销手法。无论是大众传播的广告，或是折射传播的公关，还是互动传播的直效，以及现在无处不在的互联网营销，都很注重明星代言。

明星代言的好处，就是利用明星长年累月精心经营的良好名声与声望，为产品增光添彩。借由看到代言人想到产品，而快速增加产品的知名度，同时也利用“移情”作用，将明星的个人魅力与特有的气质转移到产品上，因此也就复制了和代言人一致的品牌个性。

这是一种商业交易，厂商给予明星一笔可观的费用换取快速形成的品牌个性，代言人的风格与语气也迅速被套在产品上，产品就不必花长时间来积累品牌资产。这是一个让产品变成品牌产品的非常有效率的方法，特别在广告行业不发达的地区，明星广告更是到处皆是，10 则广告里有 6 则是明星广告。

我的第一个明星广告是孙越拍的为麦斯威尔咖啡的代言，轮到我的时候，是延续前人作品的第二集。用一个又老又丑又常演坏人角色的孙越，是我的老板宋秩铭（T.B.）先生和王念慈小姐的想法。我们靠着黑魔法般的敏锐直觉，而不是理性分析的逻辑，把作品成功地卖给了原本大力反对的客户。孙越推荐大家喝麦斯威尔咖啡，滴滴香醇，意犹未尽，让麦斯威尔品牌调入了“尝尽人生滋味，才能懂得什么才是好东西”的人生哲学，这意味着品尝咖啡与体验人生一样，要细细品尝。

我们的老朋友孙越

而孙越这个面带皱纹、演过各种角色的老明星，正是最适合的代言人。当时孙越敢向我们要了 100 万元台币的演员费，在早期的广告界这是个天价，也成为莫名其妙的新闻。孙越拍了麦斯威尔的广告之后，刚好转型成为社会公益的推动者，成为“影响台湾正面价值观的十大人物”之一，麦斯威尔随身包上市，原本要派发 10 万包免费试饮咖啡的活动，被我灵机一动转成了慈善义卖的公益行动。让原来要雇用专人来派样的开销归零，改为为大学生提供热心参与公益，体验社会生活的机会，原来必须支出的样品成本成为街头募款的所得收入。一张孙越跪在马路上接受一个可爱的 5 岁小女孩，代表幼儿园班上合捐 3000 元买一个咖啡包的真实照片，刊登在报纸新闻版面。孙越是我们在公益活动上的免费代言人，孙越接了麦斯威尔广告期间，就没有再接其他任何商业广告，他是极少数将品牌视为自己的工作使命的人，他在代言期间，很敬业地为麦斯威尔工作，而不只是把这看作一桩商业买卖。他是个充满温暖、满怀道义的人，我很敬佩他。

孙越的广告播出后，麦斯威尔第一年就反应在销售上，第二年销量有成长，第三年销量陡升让麦斯威尔超越了雀巢，成为世界上两家市场占有率超过雀巢咖啡的品牌之一。

广告中的持续性

崔丽心，是我遇到的第二个广告代言人，当时她还不是明星，是淡江大学法文系的系花。当时我们的客户娇生婴儿洗发水正要进行重新定位——不只是婴儿用的洗发水，还是年轻人可以用的成人洗发水。我们不是想借助崔丽心的名气，她只是个无名的大学生，而是借助她青春气息、善良品质，上进领袖的魅力，来打造目标消费群所喜欢的同伴形象，我们在广告片中把她塑造为一个校园的意见领袖。“崔丽心，晚上演唱会你去吗？”“好哇，但我要先回家洗个头。”于是，广告词出现了：“娇生婴儿洗发水，质纯温和，对于经常洗头的你而言，再合适不过了。”我们在广告片中把她塑造成一个非常爱洗头的女孩子，连续三年，无论要去哪里，看电影、参加舞会，都要先回家洗个头。“回家洗个头”成为当年的流行口头禅。于是，我们准备做产品延伸。

我很早就意识到了“持续不断”的重要性，包括在代言人的运用上。全联先生至今10年，经久不衰，这也是**我对明星广告的第一个心得：持续用相同的明星**。

崔丽心，不是我找到的代言人，而是我的好友范庆南首发的案子，我只是接手之后，持续前人的作品，将之发扬光大。懂得珍惜伙伴的成果，不喜新厌旧地继续前进，才会有美好的结果。后来，为了娇生婴儿乳液的广告，我花了半年时间也找不到一个比崔丽心更适合的代言人，终于在最后一刻，一家杂志社推荐了一位封面女孩周小薇。但在拍了一个成功的乳液广告片之后，因为男朋友的反对，她就停止与我们合作了，在人生的岔路口上，选择了一条默默无闻的道路，放弃了借广告成名的星光大道。

我失败的明星广告，应该是为东森购物拍摄的裴勇俊的广告。中年家庭主妇是东森购物的主要人群，占有80%的份额，而韩星裴勇俊正是当时最红的“师奶杀手”。为了讨好重量级的顾客们，我们重金雇用了裴勇俊来演一段感人的爱情故事。结果影片虽然拍得很美，但并未造成轰动。

代言人要做自己，不要演别人

我对明星广告的第二个心得：绝对不要让明星去演另一个人。运用明星做广告，就是要明星演自己才值代言费，否则何必用明星，就找广告演员就好。

孙越在所有的麦斯威尔的广告片中演的是自己："我是孙越，我向你推荐麦斯威尔。"广告的剧情是搬家，场景就是孙越的家；广告的场景是火车站，站长称呼孙越就是孙越。崔丽心的广告说的是崔丽心的生活片断，不是别人的，我们甚至找崔丽心与她的初生婴儿一起拍娇生的婴儿系列"宝宝用好，你用也好"。在易利信的广告片中，金城武就是金城武，虽然剧情是我们编造的，但是故事发生在金城武在日本的生活场景，用语是金城武的日常用语，剧情正是金城武的日常生活。

要用明星代言，就要用尽明星的效益，不要让明星变成演员，而是真实的他与他的真实生活，这样他推荐的商品才是真实的，否则人们很快就意识到这只不过是个被买通的演员，甚至认为商品的售价含有昂贵的代言费用。

要找真正的明星

有关明星代言的第三个心得：既然要用明星代言，就要用真正的明星才有效。因为经费不够，只雇得起二流的演员，根本就产生不了任何明星的效应。越有名的明星，广告效果就越好，不太有名的所谓明星则根本没有广告效果。

采用明星代言的风险

我的第四个心得，也许是个偏见：除非我没有更好的点子，否则我不会采用明星广告的手法，因为雇明星付出的成本很高。

采用明星的风险就是人会改变，人都有未知的一面，如果代言人为了自己的事业前途改变风格，改变了在人们心目中的形象，那么代言人形象可能和品牌个性就不相符。或是明星未知的一面，被揭露出是个负面形象，这时品牌也会被迫承担认赔杀出的损失。此外，根据明星的特质来为其量身打造的品牌广告，可能限制了广告人创意的空间，错失了让奇迹发生的机会。

我不偏好明星代言，但也不反对明星代言，但我相信：明星代言，将永远存在于传播的世界！

本章关注：

明星代言是很常见的营销手法，在无论哪种营销中都很受重用。利用明星的声望为产品增光添彩，借由看到明星想到产品而快速增加产品的知名度。同时也将明星的魅力与气质“移情”到产品上，复制和明星一致的品牌个性。

明星代言是商业交易，厂商用金钱换取快速形成的品牌个性，不必花长时间累积品牌资产，是让产品变成品牌非常有效率的方法，尤其盛行在广告行业不发达的地区。

持续性在广告行业是相当重要的原则，明星广告必须持续和同一位明星合作。代言人要做自己，不要演出，不能变成演员，而是展示真实的本人和真实的生活，这样向消费者推荐的商品才是真实的。

Part 4

一些工作既快乐又成功

如何开会

我们每天都在开会，但真正有成效的会议有多少？

我年轻的时候，去了美国康涅狄格州念书，住在德裔美国人海斯太太家。海斯太太的爸爸是美国太平洋舰队的司令，我们所住的小镇南方港（Southport）有着像圣诞卡上印刷的新英格兰乡下般的景色，美不胜收。镇上住着许多美国大公司的老板，他们任职于美国钢铁、施乐公司等。其中和我有密切关系的是我的邻居 Mr. Yanner，经海斯太太的亲自介绍，Mr. Yanner 知道我是一个远道而来学广告的留学生，而我也认识了这位负责全球当红的品牌拍立得、刚从麦迪逊大道著名广告公司恒美广告公司（DDB Worldwide）退休的资深副总。

我永远记得 Mr. Yanner 邀请我去他家做客的一幕，我紧张地站在他家那维多利亚造型的深红色豪宅门前按下门铃，Mr. Yanner 阻止他那只黑色猎犬的号叫，告诉我“放心进来，它不会咬人”。偌大的客厅非常黑暗，笔直的长桌上放着两盘温过却不热的牛肉三明治。这是一个午餐的会面，却搞得像一次面试的会议。Mr. Yanner 问了我好多问题：来自哪里？为何而来？将来想做什么？全是工作上的问与答。我们的午餐在严肃、正式的气氛下度过，与其说这是一顿难过的午餐，不如说是一次难忘的会议。

Mr. Yanner 应该是个工作狂，他曾经见过大场面，做过大事情，然而退休的生活非常枯燥，他十分寂寞。他的三个儿女移居南方，很少回来探访，每日陪伴他的是一条全黑的迷你猎犬。他最期待的是星期四下午的来临，因为每周四下午两点会有一辆克莱斯勒轿车，准时到达他家大门口，车上会下来两位西装笔挺的年轻人，两位他过去的手下，从纽约市开 50 英里（约合 80.5 千米）路前来向老长官请教，Mr. Yanner 应该也是准时在门内等候，否则怎么可能每次都这么快就打开大门迎接？

除了借由老部属的登门拜访满足他重温精彩旧日情境之外，就是小题大做地指导着我这个没见过世面的年轻小伙子，一个来自中国台湾的学广告的学生。我每次请教他有关如何做广告的问题，他总是从头到尾解释清楚，经常在事后还补充 10 页的书面说明，从如何做调研，如何假设概念，如何选择切入点到如何结案。他是将他对广告不灭的热情转移到了我这个默默无闻的小卒身上，而我占了最大的便宜，我从他身上学到广告知识，远远多于我在学校所学。

Mr. Yanner没有教我任何广告理论，他只告诉我广告的实务，其中之一，就是如何开会。

许多事是开会无法解决的。开会不能取代一个殚精竭虑的明智决定，开会不能取代一份深思熟虑的分析报告，开会不会减少决策错误的责任，开会不会降低资料不足的风险。有时候，一个人做事比许多人一起开会所取得的成果更有效率、更有质量。有时候，信息的分享，书面传阅比口头报告更加精准，而且让人能够有时间消化成有用的知识。总之，许多时候根本不必开会。

当我们确实应该开会时，那我们就应该明确开会的目的。一般而言，开会的目的主要有三种：第一种是分享信息，大家彼此交换信息，让团队更明了全盘状况；第二种是确定方案，针对某个课题，集体动脑，思考新的解决之道；第三种则是决定方案，根据已经拟定的方案，进行讨论决策。

决定谁应该来参加，谁不必来参加

要让会议的过程有良好的互动，并且又有足够的不同观点的适当人数是5~8人。至于决定人选的原则是：有决策权的人当然是必要的人选，如果决策者无法到场宁可散会择期再会。此外，对议题有兴趣的人及有相关知识的人优先考虑，两者若有冲突，我会选择前者，因为兴趣的热情会让人在事前补足知识。

冷漠的知识分子将在会议中产生负面的影响，这和持不同意见的人对会议的意义不同。多样化的成员在会议中绝对是受欢迎的，因为多样建设性的挑战与谏言才会对会议的成效有所帮助。

帮助参与者事先做好开会的准备

没有什么比提前送出一份简明的会议议程更有用了，一份有用的会议议程，除了应该包括什么时间、在什么地点、有谁会在一起、讨论什么事情、要讨论多久之外，特别应该说明为什么要讨论这个议题，以及与会者应该在会前做好什么功课。唯有如此，才能让会议的目的非常清楚，所谓“专业”就是让所有的细节都和目的相关。至于开会需要多少时间才适当则是个艺术，因为时间太长会浪费时间，时间太短虽然表面看来很有效率，但实际上却又没有效果，这也是浪费时间。

准时开会、准时结束

让人准时到场的好方法就是准时开会，准时结束。准时开始才会造成迟到的事实，否则永远没有人迟到，对于迟到者的批评，要有点严又不要太严，因为过度批评的结果，可能让你在会议的过程中，失去了一个因过度情绪化而无法投入的参与者。准时结束会议才能让人没有理由迟到。开会的过程，鼓励与会者发表不同意见是主持人的首要任务，至于人们为什么不愿意或不敢发表不同意见，可能是因为：

1. 他们担心表达意见的同时，就是被老板或同事评估能力的关键时刻，于是沉默是金，不说话就不会犯错。

2. 他们害怕表达意见之后，一旦被采纳就要独自去面对执行上的困难，因此建言者往往不但没获奖励，反而获得“惩罚”。

3. 他们顾虑若发表不同的意见，将可能引发冲突，让气氛尴尬，令人窘迫不安。

要消除人们在会议中的不安全感，主持人可以：

1. 经常表现出尊重少数人意见的态度，在会议形成结论之前，总是记得将少数人的主张再度检查一次，即使最后不予采纳，也要主动称赞那些提出挑战的人充当了善意忠告者的角色。

2. 在会议的过程中，不断提倡学术讨论的精神，让人们很自然地跳出本位变成第三者，客观地来讨论课题。人们只要拥有客观的立场，就不怕面对冲突，因为那只不过是在另一个空间里进行的学术讨论。

3. 适时地鼓励那些一直保持沉默的与会人士，表示你在乎他们的想法，但千万不要强迫别人发言，因为强迫的结果将使你分不清真假。

参与度是后续工作是否成功的最重要指标

虽然会议只是一个过程，落实会议产出的结论才是真实的成果，然而人们对落实会议结论的承诺程度，却是和参与的深度成正相关，参与度越高，自我要求的执行力就越强大。另一方面，参与度的高低则和会议的气氛好坏直接相关。许多研究显示，在愉快的气氛中，人们的学习能力与创造能力都会增强，科学研究显示，当儿童在爸妈温馨关爱的鼓励下时，学习语文的能力成倍提高、成绩优异。因此，当你发觉会议气氛不对时，不妨停止会议择期再议，这才是明智的行为。

开会前准备好一些辅助物，将不只强化提高与会者的关注度，也会提高会议过程的效率。

桌上放好三张白纸，一支铅笔以 45 度角斜放，暗示参与者不要只顾发言，也要有所聆听。事前检查好白板笔有没有墨水，免得高涨的气氛被浇冷水。白板上夹好一大叠白纸，这是一种欢迎人们勇敢地上来阐述高见的无声的语言。使用白板虽是老方法，但绝对好用，白板能凝聚大家的眼神，并让大家跟讲话者同步思考。桌上，纸与笔是虽然基本但绝对需要的物品，用笔记就是要记下来不及表达的想法。

非常成功的会议离不开主持人专业的引导，一个完美的会议脚本如下：

1. 选对与会者，会议就成功了一半。会议只是实践团队工作的平台，如何引导具有不同优点的人产生“1+1>2”的效果，就要先从选角儿开始，要根据会议的目的选择能够互补的参与者。

2. 先向与会全体人员说明开会的目的，随即介绍每个人被邀请参会的原因，并分派各自所担任的角色。

3. 事前思考好会议的流程，这个流程并不只是一份会议的议程表，它更重要的作用是提供一个逻辑思考的顺序，借此让大家能按照相同的流程进行思考，并且保持在同一个思考平台上讨论，这样才会有团队合作的丰富收获。

4. 前面的三个步骤应该就是主持人开场白的内容，思考模块（即有内涵的议程）得到大家认同之后，便开始会议的内容。如果发现预设思考模块的运用让会议困难重重，这时，主持人应当机立断，改换备选的模块进行。永远有备案，就是专业。

5. 当会议遇到阻碍无法前进时，应当适时地暂停，让与会者喝杯咖啡，说个笑话，起身走动走动，打打电话，借此放松大家的潜意识，然后再继续。这样做往往有神奇的效果。

6. 没有结论的会议，是个无效的会议。主持人除了以“重复说明”来确认结论之外，最好现场制订下一步的行动计划，“谁在何时完成什么”及“谁可以给谁什么样的帮助”。而行动力强大的主持人，将亲自撰写会议记录，并在24小时内送到所有与会者的眼前。

本章关注：

如何开会是广告实务中的要项。会议的目的可分三种：一是分享信息；二是制订方案，针对某个课题思考新的解决之道；三是决定方案，根据已经拟订的方案，进行讨论决策。

开会要做到准时开会、准时结束。要鼓励不同意见，消除与会者的不安全感。会议只是过程，形成结论才是成果，参与度是后续工作是否成功的最重要指标。

主持人的引导很重要，引导得好就会有成功的会议。好的会议脚本包含：选对与会者、能让成员清楚会议目的和各自任务、提供讨论的逻辑思考顺序、有备案模块可供替换。

没有结论的会议是无效的，最好现场制订落实计划：“谁在何时完成什么”及“谁可以给谁什么样的帮助”，以期成效。同时，实时完善会议记录是必要的。

商业写作的要素

写作的能力与升迁的机会是绝对相关的，擅长写作的人必定思虑周密，懂得如何推理得出一个清楚明确的结论，并且能以巧思布局，按着适当的节奏来说服读者。

人生的故事不是你遇到什么事，而是你遇到什么人。

在服务麦斯威尔咖啡期间，我和 Ramsey（我的第一位部下），很幸运地遇到了一位恩师 Cathy。Cathy 是来自通用食品位于夏威夷国际总部的营销经理，哈佛毕业的高材生，父母是纽约唐人街的厨师，两人辛苦打工存钱，让她完成学业。

而 Ramsey，后来成为广州奥美的第一任总经理。他是香港侨生，从 AE 做起，却向大老板宋秩铭（T.B.）直接报告。他比我早到奥美，只因我留过洋，有硕士学位，回国当了他的小老板。开始时他很不服气，时间久了，我们一起挑灯夜战，一起吃苦挨骂，有了革命情感，成了最要好的工作伙伴，私下是最好的朋友。有一年端午节，是个星期六，我到公司拿东西，看到Ramsey一人在座位上加班，我随口问了他今年有没有吃粽子。他回答："在超市买了一个。"我听了感到莫名的难过，觉得他一个人在异乡工作挺可怜的，于是立即回家拿了6个我妈亲手包的粽子回到公司要给他："Ramsey！ Ramsey？"没想到才15分钟，办公室已经人去楼空。

好的会议记录

话题回到通用食品的Cathy，她是我们的客户也是我们的老师，她除了让我们认识了什么是国际水平的营销专业，也以身作则地示范了什么才是一个商业人士的标准动作。每一次的会议记录，她都不依赖代理商的记录，而是在她返美的飞机上用录音笔记下，并由她的秘书第二天打好发来。她的会议记录没有一句废话，只有重点，清楚地描述了会议中做了什么决策，明白地指示下一步，谁在何时应该完成什么事。

千万不要小看会议记录的写作，从一个小小的会议记录可以观察到写作者的思维是否清楚，文笔是否简练。好的会议记录并非想象的那么简单，在你一言我一语的混乱中要有冷静清楚的倾听能力，要整理一个具有专业美感的会议记录还必须懂得如何将项目分类，井井有条，让人一目了然。此外，要让会议记录成为一个有行动力的记录，就必须先有能力主持好会议，让一场会议有所结论，否则会议记录将失去其主要的功用。当双方对会议内容有了误会，可以借会议记录来澄清。当会议结束之后，会议记录能让团队知道下一步干什么、如何分工，以及何时到期。

会议记录是训练商业写作最好的练习，也是基层（初级）员工最基本的功课。会议记录是一家公司最直接的可以表现专业度的接触点，这家公司的人才素质可以从他们发出的会议记录来评鉴。我和 Ramsey 一起做了 5 年的会议记录，后来 10 年“如何写会议记录”一直是我在新人训练时教学的课题。你若要追求专业，别忘了在会议记录的水平上严格把关，专业就是对细节的追求。

事实、事实，还是事实

商业写作的窍门是，少用形容词，尽量用动词与名词。如此不仅会给读者一个简约明确的专业美感，同时也会减少因为使用形容词所造成的混淆与暧昧。形容词在创意的提案书中可以帮助精准地描述创作的风格，突显文案的语气，形容词在私人的信件中，可以表达丰富的情感，增加阅读的乐趣。但在商业写作中，我们要让读者专注在事实、事实，还是事实上。

商业写作的第二个重点就是永远把重点摆在第一位。我们要在第一段就让读者明白这篇文字的主题，让读者知道为什么要读这篇文字。因为人们在职场上阅读太多的信息，每天来自不同人的不同 E-mail（电子邮件），唯有一心要帮助读者快速进入状态的作者，才能让自己的写作发挥最大的效果。

写作的能力与升迁的机会是绝对相关的，擅长写作的人必定思虑周密，懂得如何推理得出一个清楚明确的结论，并且能巧思布局，按照适当的节奏来说服读者。写作锻炼思考力，提升说故事的能力，反省对人和事物的价值观，沉淀属于自己的信念，这些是任何一个想要事业更上一层楼的人所必备的，过去我的手下都是要先证明他们在写作上的能力，才有机会得到升迁。

写作的另一个心得，就是要善用人性的纠结，来让故事的内容更加动人！所谓人性的纠结，就是事情对与错的选择。大部分的商业议题很少有绝对的对与错，所以如果我们的写作能对一个事件的对立意见进行分析，就不仅能让内容完整好看，也能增加说服力；而对执笔者来说，通过写作进行自我对话，可能梳理出另一个新鲜有益的观点。“纠结”是说故事最佳的调味剂，让文章增添人的味道。

最后，也是最重要的，好的商业写作必须要言之有物，要言之有物就先要心中有谱，于是收集数据、查阅书籍、与人对话，

这都是帮助自己思考的功课。有人平日能言善道，但写不出来，就是因为内容浮浅，不够精辟，导致能说不能写。另一方面，如果你想要促使自己深度了解某个议题，就可以从写作开始。

写作对职业生涯的帮助

若非写作，我进不了这一行。我大学是学贸易的，当时台湾有 4 万多家贸易公司，想要出头就是从事贸易工作，所以我也随着主流前进。然而，真正在开始找工作的一刻，报纸上人事分类广告版上的贸易公司招募广告旁，总是刚好有一个字数不多的征文案的广告，不知为何，读完商业学院的我，心里却有个小声音："文案似乎是个比较有趣的工作。"于是，我一家贸易公司也没去应聘，反而去了广告公司应征文案，这就是我进入广告行业的初衷。没有精致的长期规划，也没有周密谨慎的分析，只是一时跟着感觉走，走进了广告的世界。

我完全记得自己应聘文案时的场景。一个会议室长桌围着 8 个应试的求职者，每人发了一包零食，要我们每人写一则平面广告。"小心，别被老师抓到了！"是我的笔试下的标题，30 分钟后，性感美丽的女秘书前来收卷，并且一张一张地偷看，忽然抿嘴笑了起来，我知道那一张正是我的试卷。果然不出所料，秘书送试卷进总经理室不久，就出来说："请叶明桂先生进来，其他人可以离开！”真是好残酷的直接宣布。我进了总经理室见了总经理，本以为相谈甚欢，直到他问了一个问题：“什么是4P？”我答不出来，后来才知道，4P就是product、price、place、promotion（产品、价格、地点、促销），是市场营销的四个基本维度。

“你连4P都不懂，无法做广告文案。”他下了结论。我没有应聘成功。我的体悟是“不懂策略无法进入这行”。于是，我转向应聘AE。事实上，这是个美丽的误解。当创意人员是根本不需要懂得策略的，只需要拥有创造力的天赋。还好我没有当上创意，因为最终我只能是个二流的创意，但是我用文案的笔力来写策略，却能让我的策划案比一般人多了一点风格与魅力。

我应征AE的过程并不顺利，理想的业务是要给人积极活泼、能言善道的第一印象，而我的外表却是给人一种萎靡不振的感觉，所以我在面试时总是落选，在华商广告的面试也不例外。然而，刚好离开时把雨伞忘在华商广告的办公室，取伞的需求给了我一个念头：写信去要伞。写信要伞的借口开启了我连续7封自我推销的销售信函，7封信打动了当时担任业务经理的庄淑芬，她给了我试用的机会，于是开启了我一生至今的广告生涯。

所以说，若非写作，我进不了这一行。

PowerPoint 创作

最后，我要浅谈一下提案时经常使用的 PowerPoint（演示文稿）创作。投影演讲或是提案用的视觉辅助物，在著名的 TED 演讲会上有的是专业的范本，乔布斯在苹果公司新产品发布时所呈现的视觉辅助物更是经典佳作。视觉辅助物，顾名思义就是个辅助物，但是太多人直接将提案书修剪过后就做成了 PowerPoint 的内容。这种视觉呈现一点也起不到辅助作用，真正务实的 PowerPoint 没有太多字，只有关键词，最多就是一两句话或是一两张主视觉图。

过去的 PowerPoint 文字多于视觉，现代的 PowerPoint 视觉多于文字。现代的视觉辅助物是声光电的结晶，除了文字与视觉，还要运用声音，适当的音乐与音效可以增进观众的投入感，让提案更加生动！

我过去曾制作了一套左岸咖啡馆的提案视觉辅助物，连页码也是用视觉来呈现。我在一家书店找到一本法国摄影选集，其中有记录巴黎埃菲尔铁塔的兴建过程的作品，我把它拍了下来，将埃菲尔铁塔从开工到完成的连续照片变成了我 PowerPoint 的页码。

视觉辅助物，无论是文字、视觉、音效，都是为了唯一的目的：让你的提案更加生动！因此，你是主角，它是配角！

本章关注：

会议记录是训练商业写作最好的练习，是初级员工最基本的功课，可以据此评鉴一家公司的人才素质。商业写作的窍门是，少用形容词，尽量用动词和名词，要让读者专注在事实上，除了事实，还是事实。同时，永远把重点摆在第一位。写作能力与升迁机运绝对相关。写作能力包含脑力、说故事的能力、价值观、信念等，是任何人事业发展的基础。

写作要善用人性的纠结，让故事更动人！而写作最重要的是要言之有物。收集资料、查阅书籍、与人对话都有帮助。如果想深度了解某个议题，就从写作开始。

务实的 PowerPoint 没有太多字，只有关键词。除了文字与视觉呈现，适当运用音乐与音效，可以增进观众的投入感，让提案更生动。然而，这些只是辅助，真正的重点还是提案！

如何在工作上既快乐又成功

让每一个人拥有他想要的。

——法国哲学家阿兰（Alain，1868—1951）

我们不能选择的事太多太多：我们无法选择何时出生、无法选择父母、无法选择各种器官的能力、无法选择缘分……然而，我们也有绝对可以选择的，那就是我们在任何时候都可以决定什么是自己生命中最重要的，什么是最微不足道的。通过这个决定，影响自己的快乐与痛苦，迎接自己的成功与失败。

我相信每个人都想要快乐，都想要成功，即使有自虐倾向的人，也是想从自虐的过程中获得快感。**但是“想要”不过是一种念头、一个想法，而“真的想要”才是一种强烈的野心和企图心。有了野心、企图心，我们才会专心**。专心让我们每一次意念的选择总是那么一致，因为一致性才会发生累积，形成承诺。而不断实现自我承诺的过程，将让我们享受快乐的感觉，而持续累积行动的结果，会让我们最终达到成功的目的，无论你对成功的定义如何。

想要在工作上快乐又成功，首先要自问：你“真的想要”快乐吗？你“真的想要”成功吗？

是因为成功而快乐？还是因为快乐而成功？

有人说过这样的话：“虽说不必太富有，但我知道，富有真是妙不可言。”于是，我们埋头苦干，期待有一天出人头地，飞上枝头。

我本来也是这么想的，终于有一天，我意识到：当我们的价值观是要先获得成功才能得到快乐的话，生命的大部分将是个卧薪尝胆的辛苦过程。相反，只求快乐不求成功的态度，不但将让自己享有因为“无欲则刚”自然产生的轻松愉快，成功也总是自然来到。因为人若无欲，他所认为应该做的事，往往就是他所喜欢做的事（人的最大痛苦经常源自他所“喜欢”和他认为“应该”的刚好相反），于是，我们全心全意做事，正大光明想事。所以，你若真的想要成功，那你最好真的只想要快乐，当你想要成功的中心点消失的时候，就是你满心快乐的时刻。

生命、自由及追求快乐

所以，要在工作上快乐又成功，一开始就要认识自己，到底什么性质的工作才是自己真正喜欢的。这是个简单的问题，却不容易找到答案，因为人们通常知道自己不喜欢什么，但是经常不确定自己喜欢什么。

1996年夏天，我在北京奥美的办公室，度着我的充电假。当时的奥美有一个爱护资深人员的保养制度，当你做满10年，就可以申请半年带薪的充电假，而我选择来到中国大陆，到北上广三个办公室，用最轻松的心情工作。这天，我正坐在北京奥美创意总监的办公室里喝茶、聊天、听音乐……这时，我看见纸屑桶中有一封被丢弃的信件，我无意地捡了起来，纸上写着：

> 在许多的传记中，主人公在命运转机时总会出现一句类似的话："直到那一天，我……"我也有过"那一天"，"那一天"便是我无意中看到了大卫·奥格威的《一个广告人的自白》，虽然那一天并未严重到转机命运，但对我的内心却产生了极大的影响。
>
> 我知道了，有这么一种职业，可以包容我的许多喜欢：喜欢美术，喜欢零食，喜欢小刺激，逛商场……这一切都有助于从事这种职业。这种职业使善变、追求新鲜成为最大的

优点……既是职业又能满足内心的欢喜，真觉得占了很大的便宜。

遇到大卫·奥格威的那一天，我有了一种喜欢，对广告的喜欢。它一直持续至今。

在一个忙碌和追求规范的广告公司里工作近两年，我经历过新鲜感、海绵状态、兴奋、无奈、满足、自感枯竭……再新鲜，再……

此刻，我想离开，是想与更出色的人、更出色的环境共舞，从而使自己更出色，让自己对广告的喜欢发展到极致。

北京不是我的家，因为奥美，我愿前往。

这是一封求职信，被我拾起，于是她被录取了。的确，我们也许会因为一本书、一个人、一部电影，或是一段工作实习的机会，受到启发，知道了自己真正的兴趣，因此改变了人生的命运。

一旦明白了自己的喜爱，就要全力以赴，有恒心、有毅力地不断学习专业知识，磨炼专业技能，努力让自己永不退步、只有进步。无论从事什么行业，只要你是行业的专家，都是令人尊敬、让人佩服的，都能赚大钱。

荣誉、安全、成长

要在行业中成为顶尖的人士，最好能进入行业顶尖的团队去磨炼，向行业顶尖的老师去学习。一个在行业中做到顶尖的公司，总是具有提供荣誉感、安全感与成长空间的能力。

荣誉感

荣誉感是一种被肯定的感觉。当公司被认定是最好的公司时，身为其中的一分子，当然也是最好的人。我们都知道最好的医生最懂医术，最好的律师最懂法律，因此最好的广告公司就应该是最会做广告的公司。通常我们不会定义最好的广告公司就是最大的广告公司或是最赚钱的广告公司，因为只有专业的名声才会让人感到骄傲，而为了追求专业所带来的荣誉感，会让员工自觉地产生自我要求的态度，而唯有自我要求的风气盛行，公司的气氛就会充满活力，而领导者的注意力将可以放在探索新的机会上，而不必埋首解决眼前的问题，于是公司整体的力量将投向未来式，而不是过去式。在一个重视荣誉感的公司工作，你就会感受到充沛的正能量，被感染不断上进的企图心。

安全感

很少人不需要安全感，也许只是在不同的象限中程度不同。

优良的企业总是提倡人性善良面的价值观，让员工不会因为诚实说话被记过，不会在凶暴恶言的压力下工作，可以为创新而犯错，可以为正义而损失。于是当工作环境有了安全的气氛时，人的潜力就会自然发挥出来。

成长

学习，这件事情很特别，它是手段也是目的。在学习的瞬间，我们感受成长的快感，这使我们很快乐。而学习后的成长，令我们产生信心，这使我们的快乐很实在。成长的感觉让喜新厌旧的人性获得满足。

我们因为学习而懂得如何成长，我们也因为成长而懂得如何学习。所有顶尖的公司，都志在营造良好的学习环境，因此不断提供训练课程，打造学习型团队。

赢得快乐

在工作上的快乐，就是融合荣誉感、安全感与成长的快乐。这种快乐感受是踏实而且真实的，但是必须靠自己赢得，而非不劳而获。我们想进顶尖的公司成为顶尖的人，首先自己就要具备追求卓越的荣誉感，克服自己的不安全感，并且具有自我要求成长的纪律，才有机会进入一个重视荣誉、提供安全感、给予成长机会的顶尖团队。当我们拥有快乐的能力时，成功就将随之而来。

如何提升基本专业能力

在职场工作，具备一些必备的专业能力，才能让我们成为顶尖的人物，“成为顶尖”才是成功的真正意义。以下分享我对提升基本专业能力的几点心得。

懂得如何与人相处

与人相处之道，在于尊重，而对人最大的尊重就是真心聆听。聆听之所以困难、稀有，是因为我们思考事情比诉说事情快得太多太多，人类说 150 个字的时间，等于想 1200 个字的时间，想事比听说的速度快 8 倍，没有耐心的人为什么要等待别人完整的表达呢？再加上人的本性是喜欢听自己想听的话，听自己易懂的话，所以当一个人心中已形成答案时，是很难再去听新的主张的，因为那是如此麻烦、如此不安全。

可是，人性的另一面是人们只会尊重那些尊重自己的人，人们只聆听会聆听自己的人。因为尊重，我们必须聆听。

聆听只不过是慢一点做裁判罢了，要更积极的聆听，还应有鼓励对方的积极沟通的企图，于是除了少插嘴的礼貌之外，还要注意自己的身体语言，让聆听可视化，让对方感受到。真心聆听，会使沟通酝酿关爱与信任，有了关爱与信任，有意义的对话才可能发生。对话发生时就产生互相学习，于是人与人之间的距离拉近，进而就能相处愉快！

懂得如何开会

永远先设想好在这个会议上决定什么事情，先别管开头、过程，而是结束的那一刻，你想要什么？你希望获得什么结果？是数据分享？还是确定的答案？如果是确定的答案，那么有权力做决定的人一定要在，如果不在，最好取消会议，否则就是浪费所有人的时间。

你希望会议在什么时间结束？而且记得准时结束，只有准时结束，才会鼓励人准时开始。记得先想最后的事，如果你真的想要开会。

懂得如何写作

要学习写作，不是从增加词汇量开始，而是从学习如何删除不必要的字句开始。当被迫删除的时候，你的思考就必须更清楚，因为你将去除的是一些保护自己以免暴露思考不清的含糊字眼，通常是些表意不精准的形容词。当你的文字表达只剩名词和动词的时候，你必须明白自己想表达什么；只有自己明白，才可能让别人明白。这种被迫删除的附加作用，就是让读者感到作者的笔力与风格。

懂得如何销售

无论销售给多少人，都要设法将之化为一对一交谈的沟通精神与形式。因为对一群人沟通是演讲，不是销售，只有将销售的意念当作是对一个人进行，我们的销售才容易成功。

一对一地沟通，你才是与人沟通，销售就会变得生动、热情，对方也能感受到你的关心。

一对一地沟通，你才可以通过眼神交流告诉他，你对你自己的内容深具信心。于是他相信你。

一对一地沟通，你才会体贴地把信息处理成他可以消化的内容，所以他听得懂你的意思。

一对一地沟通，你才会记得考虑应该在什么时机、什么情境、什么地点，他才会有兴趣听你的信息。

懂得如何排毒，如何解脱

李奥·贝纳说："伸手摘星，永远摘不到，只是不会弄得满手污泥。"的确，这种精神能鼓励人们追求卓越，努力向上……

但是，永无止境地摘星，漫无尽头地爬山，一个山峰之后又是另一个山峰，我们终归是人，人会累，就算是机器也会折旧，也需保养，也要修理。

维修的哲学是平日保养胜于事后整修，医治的道理是预防胜于治疗。

懂得艺术

阅读不是为了增加一技之长。

我很羡慕那些懂得欣赏文学与艺术的人，因为我知道在这里面有许多一通百通的道理，也有心灵环保的作用。

聆听音乐和阅读好书的效果是类似的，音乐是直通心灵的感官感受。

懂得运动

我的太极导引老师常说："健康的身体是'1'，其他的好事，像有钱、走桃花运、做大官等都是'0'，没有'1'在前面，无论有多少'0'，都还是零。"此外专心运动时，也会像打坐一般有去除杂念的结果，真是一举两得。

持续运动最大的好处是保持头脑清醒。我的启蒙恩师与永远的老板庄淑芬女士，有一天下午 4 点拎着皮包站在我的办公室前跟我说："阿桂，我今天早上没有跑步，所以头脑不清不楚无法做明智的决定，我先回去了。"其实她是我老板，根本不必告诉我她早退的原因。重点是，我的老板非常有毅力，每天晨跑，除了健康美丽，更是为了头脑清晰，以便日理万机，做出果断的正确决策。

懂得结交一群真心的伙伴

虽然这是个可遇不可求的事，只是一旦有缘就要珍惜，让缘分生根。友情不是理所当然得来的，也是需要培养的。拥有四五个人的群体，让我们回归原始时代成群结队去打猎的场景，在那种情景中，我们不但感到安全，而且可以借切磋战技，壮大彼此；借相互疗伤恢复战力。

但在此需要特别提醒的是，死党聚会聊天，难免谈到政治，谈政治的快感来自分享片断的信息，拼成一个大家原本没看见的景象。然而，在这个过程中，人们享受着通过集体创作预知未来的快感，谈政治的副作用是在快感散去之后，随之而来沉淀的负面思想，污染了原本热忱的心灵。所以死党聚会的话题，最好是“七分军事，三分政治”，而不是“七分政治，三分军事”，太多政治话题会将原来信奉人性本善的人，转变成改信人性本恶的人。

好的死党，除了真心相待之外，还会互相鼓励，而不是拉着同伴一起沉沦。当你掉进低潮的陷阱时，千万不要和正处于低潮不得志的人互戳痛处，因为这相当于落井下石，最终大家一起灭亡。

懂得反省

我们的怨气通常来自别人的行为对我们的影响，如果我们真的想要好好地活下去，就要懂得原谅与宽恕。原谅不是遗忘，也不是将事件合理化，而是诚实地去面对事实的真相，看清楚了，于是明白，于是了解，于是原谅，人的心结只能随着时间流逝消解，否则无法抹去。

此外，原谅自己往往比原谅别人更重要，因为人只有喜爱自己，才会去喜爱别人。原谅自己，首先也要面对自己的错误，察觉自己的错误，察觉自己的弱点，敢于承认的那一刹那，往往就是解脱的开始。接着我们宽恕自己，这样我们便可以随时随地开始新的一天。

本章关注：

“想要”是念头，而“真的想要”是强烈的企图心。有了企图心，我们才会专心。专心致志才会有所累积，最终形成承诺。这种实现的过程会让我们享受快乐，达到成功。

想要在工作上快乐又成功，要先自问“真的想要”这两者吗？只求快乐不求成功的态度，会让自己“无欲则刚”。轻松愉快之外，成功自然会发生。若真的想要成功，最好只想要快乐，当想要成功的中心点消失时，就是满心快乐的时刻。

要快乐又成功，必须先认识自己，到底自己真正喜欢什么。一旦明白之后，就要全力以赴。在任何行业，只要成为专家，都能受人尊敬并赚大钱。

要成为顶尖人士，最好进入顶尖团队磨炼及学习。顶尖的公司提供“荣誉感、安全感与成长空间”，这三者就是工作上的快乐。

想要提升基本专业能力，就要懂得：如何与人相处，如何开会，如何写作，如何销售，如何排毒，如何解脱，欣赏艺术，学会运动，结交真心伙伴，自我反省。这些对提升专业能力都有帮助，多懂点也无妨！

Part 5

一些领导之道[①]

① 本部分各章整理自作者在奥美集团公司大会上的演讲稿。

广告的纪律

1999 年我担任奥美广告公司董事总经理，直接肩负大团队的管理责任与业务成败，在“丢掉”两个客户之后，我和全体伙伴分享工作角色的“纪律”。

客户的纪律

刚好这个星期，我分别见了两个客户，他们都将离开我们。他们的另一个共同点是，他们都是企业的最高领导人、最终决策者。他们一个是声宝的陈泰铭，一个是诗芙侬的黄董。

我在英国小学的圣诞园游会遇见他，陈泰铭。

他也带着一家老小参加这个亲子活动。我们亲切地打招呼，介绍家人互相认识，但他就在上个星期刚刚拒绝给我一个价值近1.4亿的广告订单。非常遗憾，我们没有拿到这个订单，因为我拟了一个他无法接受的价格策略。在比稿前，我和他建立了很好的关系，彼此说话也很投机，他甚至欠了我们一些人情。但比稿后两个月内，我打了数十通电话，他没有一次回电，他不让我有任何见面游说的机会。他要自己很清楚、很清醒地做这个判断，他们内部完全没有讨论，他要自己做决定。在他心中，友情及绝情同时存在，他做该做的事、他认为是对的事，他对他的选择负责。他很有纪律，我讨厌他的决定，但我尊敬他的纪律。

前天我去诗芙侬讨债，他们的片子停拍，应该付我们前期工作费用100万，但黄董决定一分不付，因为片子没拍成没有理由付。结果他看我单枪匹马前来，很意外，我们两人一对一地在他办公室谈话。谈这种事情，一对一比较好，不需要两队人马对阵，进行检讨大会。

最后他告诉我："当我一看见那个金额，就不想看，情绪立刻就上来了，很怕看见这个数字，我的部下也一样想逃避。然而，既然我和你一样是公司的主事者，让我们来面对这个事实吧！这是我们应该有的纪律。"他说自己是很浪漫、爱幻想，并且追求创意的人，但应该实际的时候，他也可以非常实际。

并存的两种矛盾

“在现实的竞争环境，必须同时具有两种貌似冲突的价值观，才能生存。”这到底是不是真理？一次同事大 Ben 和我同乘一部出租车，我们讨论这个主题，他说：“虽然我不喜欢，但我相信这是真理。”我和他想的一样。

这也让我想起来创意总监老杜（杜致成）的履历表，他形容自己是艺术家与生意人的结合。我相信，能够存活最久，并常在创意高峰的创意人员，必然是那些既热爱创意，又对自我要求最严苛的创意人。是纪律的作用确保了他们创意热情不减。同样，爬得越高、越战越勇的广告业务人员，必然是那些既热爱创意，又对自我要求最严苛的业务人员，是纪律的作用确保了他们不断学习上进的毅力。

我相信这句话，放在奥美的任何一个兵种都通行。

那么纪律是什么？也许不同的专业各有不同，**我们这行的纪律，最重要的就是和时间相关的纪律——准时，准时交稿**。无论是在内部还是外部，都做到准时给会议记录，准时反馈，准时估价，准时上交财务报表，准时上交作品，准时核查，准时反馈。**要做到准时，通常要付出代价，而不假思索地付出代价就是纪律**。

其他的纪律，听起来都是理所当然的“国民生活须知”，例如：说话算数，重承诺，包括对伙伴的承诺和对客户承诺。又例如：就事论事，想清楚，说清楚，坦白诚实，不必小人，尊重别人的发言，珍惜每一个可能的想法，这些种种若是变成学生时代的作文题目，我相信每个人都会说得头头是道。

人性是可爱的，这点绝对需要不断被提醒，被尊重，被体贴；但人性也确实有许多弱点，需要我们诚实面对，不断反省。而纪律将保护我们可爱的人性不会腐败，发出恶臭。

只有纪律没有理想的专制不会成功，只有理想没有纪律的任性必定失败。

本章关注：

在现实的竞争环境中，能够存活最久，并常在创意高峰的创意人，必然是那些既热爱创意，又对自我要求严苛的人。

广告这行最重要的纪律，就是和时间相关的纪律——准时，准时交稿。准时给会议记录，准时反馈，准时估价，准时上交财务报表，准时上交作品，准时核查，准时回馈，要做到准时，通常要付出代价，而不假思索地付出代价就是纪律。

人性是可爱的，但人性也确实有许多弱点，需要我们诚实面对，不断反省。而纪律将保护我们可爱的人性不会腐败，发出恶臭。

只有纪律没有理想的专制不会成功，只有理想没有纪律的任性必定失败。

我会提拔什么样的人

用人是领导者最重要的使命，一个领导者会提拔怎样的人，应该有一致的标准。对我来说，这个标准就是三种能力和一个特色。

一、专业能力

简言之，业务人员要有好的书面表达能力，创意人员要有好的作品，财务人员要有好的报表，秘书要有灵活如水银般的补位能力。

当主管面对两个专业能力相同的部下必须二选一时，谁能在相同资源条件下提供完成度较好的作品，谁能在较短的时间内提出更周全的想法，谁能在较少预算内提供更精确的解决之道，谁就是胜出者。

对在奥美工作的人来说，专业的精神是成就感主要的来源，我们因为比较专业而觉得光荣，奥美任何未来的领导者都必须在专业能力上以身作则。

二、学习能力

学习不只是用功读书、认真生活。光是运用记忆力累积知识不足以成长，上网络、逛书店、看电影等学习途径只是最基本的功课。学习的能力不只是聪明的吸收能力，或是专心速读的技能，而是能将知识转化成个人的才能，因此必须有对话的能力。所谓对话的能力，除了和别人对话，更包括与自己对话。真正的对话不只是了解与分享，真正的对话是能借对话的过程，创造新的体会，沉淀新的观点。

拥有良好的学习能力，之前提及的专业实力才能不断积累与更新，良好的学习能力更是最好的向上驱动力。有人是为了权力与自主性而努力奋斗，有人则为了累积财富而奋发向上，但是不断学习的原动力是最没有副作用的驱动力。

三、久活能力

要在这行活得长久，除了毅力、体力，还要有正面思考的能力。我们不必那么辛苦地每天卧薪尝胆，如果我们能自然地产生快乐、正面的电波，那么正面思考能帮助我们找到机会，鼓励我们发挥潜力。自我提拔的机会，就在于把一点小小的优势放大成全面的优势。发挥自己的优势比改变自己容易多了，而且更有效率。

快乐地工作比痛苦地工作更有效率。事实上，正面思考的能力可以通过学习而来。

最后一个条件：人格魅力

对，就是个人的魅力，这是个奇怪的条件，也许这又是我个人的喜好或偏见，所谓个人特有的人格魅力，不是来自依附名牌打扮的外形，也不是源自良好教养调教出来的礼仪。

我相信，人们会不由自主地发散一种无形的魅力，来自他（她）拥有热诚的心智，更明白地说，就是明确而一致的价值观。而魅力的感受则往往出现在面对两个冲突的价值观时，他（她）却拥有更高层次的价值信念：在“对”与“对”的选择中，一个有魅力的人通常会做出有智慧的抉择，并且都和“关爱他人”有关。

我不愿提拔怎样的人

虽然我不喜欢急功近利的人，但如果他能符合我前面所言，他还是应该被提拔。是否爱拍马屁也不是我关心的，我们不因拍马屁而升职，我们也不因拍马屁而不升职。我们不必考虑他脾气是否温和，态度是否和悦。

我不愿提拔的人是那个会把团队功劳据为己有的人，分享是产生团队的基础，而抢功则是团队分裂的开始。要辨别自私抢功的人并不容易，通常只有那些被抢功的人才知道。而当爱抢功的人步步高升，影响的面必然越来越大，所以，必须特别小心。

本章关注：

用人是领导者最重要的使命，提拔人应该有一致的标准。我的标准就是三种能力和一个特色：

1. 专业能力：专业精神让人有成就感，使人觉得光荣，领导者必须有优异的专业能力，以身作则。

2. 学习能力：学习能力必须能将知识转化成个人的能力，因此必须具备对话的能力。能借对话过程创造新体会、沉淀新观点。拥有良好的学习能力，专业能力才能不断进步，更是最好的向上驱动力。

3. 久活能力：要在这行活得长久，除了毅力、体力，还要有正面思考的能力。快乐地工作会比痛苦地工作更有效率。而正面思考的能力可以通过学习得到。

4. 人格魅力：人们的无形魅力来自明确、一致的价值观。当面对冲突的价值观时，此人能够做出有智慧的抉择，并且出发点大多是基于“关爱他人”。

我不愿提拔的人，是那种会把团队功劳据为己有的人，分享是产生团队的基础，而抢功则是团队分裂的开始。

为什么人才留不住

上任总经理满一年后，表面上名利双收。奥美在创意上获得了最多的奖项，在企业声誉上继续获得《天下杂志》标杆企业第一名。在员工收入上，发出了业界最高的年终奖金。但是，我感受到最大的危机已来临。

表面上的功成名就在我内心并无法形成满足感，反而使我觉得："哦！目标总算达成，任务终于完成！但只是一时的解脱。"会有这样异常的心情产生，是因为我担心同事在这里工作不够愉快，而且，我担心他们在这里失去工作的热情。我之所以担心，是因为我一直相信：只有愉快的工作环境与热情的工作伙伴，才能保证未来三年持续的名利双收。如果我一定要如此理性地分析。

前段时间，我的朋友问我近来如何，我直接回应："虽然有名有利，但士气不佳。”他问我说：“你怎么确定你知道事实？说不定只是你士气不佳，大家的士气好得很。”若真是这样，我就安心了。

虽然我不够确定，但愿意在此分享我的观察。

数字总是客观、无情地表达一些现象，当体温为 39 摄氏度时，你可能是感冒发烧，也可能动情发春，总之，超出正常就是异常。我们过去半年的人事异动率还是很高，这让我不安，因为很快找到人是一回事，太快流失人又是另外一回事。

当环境不能留住人的时候，我们虽可以找借口说是外界的互联网公司挖墙脚凶猛，别家广告公司提供较高的职位和较大的发展空间，但我们不能对数字的警示视而不见。

新人也许想着：“好险，幸亏有人离去，否则我就进不来了。”非常欢迎今天的你，但我更在乎明年的你。

回到今天的主题：为什么人才会留不住？

在这行优秀的人离去的主因，是因为他觉得没有要好的工作伙伴和足够的朋友，没有足够的良师益友就会不快乐。我主观地认为，一个人在他的工作岗位上，在 360° ×360° 的工作接触上，若至少拥有 20 个深交的伙伴，他是很难被外界打动的，而且他的工作成果一定很好。

为什么没有那 20 名深交的工作伙伴？原因可能是：

1. 不合理的工作量：所谓不合理，可能是太少，也可能是太多。工作量太少的话根本接触不到20个人，太多则可能因为分内的工作质量差，变成伙伴的拖油瓶，同事间变成互相指责批评，而不是交流指教。

2. 不公平的待遇：没有人喜欢和那些被老板偏爱的同事做真心朋友，因为彼此心里有猜忌，而且双方都能感受到。在奥美，通常是被公认为是“老板偏爱”的人选择先离去。从来没有人认为自己是被偏爱的，相反，多数人认为自己承受了不公平待遇。

3. 批评多于称赞：理想的工作环境中有批评，也有赞美，而且批评总是坦白地一对一进行，赞美则是公开地承认。差劲的工作环境则是有同事只称赞自己，批评别人，于是破坏了有福同享、有难同当的交友之道。其实功过总是集体的，这才是团队合作的精神。

最杰出的领导，不是当成功得胜的时候，人们会第一个想到你，而是当人们沉淀下来时，领悟到这件事不能没有你。

于是：

1. 当你连续两个月无法有星期六、星期日的时候，或当你一整年都没办法休年假的时候，请告诉你老板。

2. 当你觉得公司有不公平待遇时，请告诉人事主管或是我。

3. 当你很久没有称赞别人时，请称赞自己或找机会赞美别人一下，不必说谎，不必勉强，否则听起来就像讽刺一样。请让正面的能量传递起来，感染更多人。

我们公司有个明文制度，每个单位都可以向主管申请“一日游”的所谓户外教学活动，目前没有人申请过，我很难过，我猜是大家唯恐回来要写心得报告，或要做心得分享。现在我来修正一下，你可以不必有任何心得分享，只要你能找到另一家单位一起出游，鼓励大家结交亲友党，组建博爱社，交个朋友，每人补助 500 元。你可以买张历史博物馆达·芬奇展的票，中午吃碗桃源街牛肉面，下午泡泡泷乃汤温泉。

是的，最细致的制度、最严明的奖惩、最高效的管理，都不能保证创造最愉快的工作环境，只有最具热情的工作伙伴才能保证。

我会尽最大的努力，虽然有人说我，看起来愁容满面，却一直说着鼓励人家要快乐起来的话。但另一方面，你也可以尽一份力，让正面的能量传递起来、感染更多人。

前几个月，我们可爱的前台总机小姐，问我的生辰八字后，给了我一张纸条，上面写着：“生命数字 9，代表可以‘信任’和‘放松’开来，进入生活。”

这张纸条贴在我家冰箱上，回家开冰箱找食物时，总会看见，我太太说这张纸条也是一种食物，每看一眼都像是一种提醒，便好好睡觉了。

我们这行挑战往往很多，外出打仗回来不会事事得意。回到老巢常有受伤，不必再互相撒盐，应该互相敷药疗伤，准备明日再战。

最后，我想再分享一个观点来结束我今天的说话。

这个周末，我去花市做了一次选购：

一束盛开的百合，

一盆未开的盆栽。

两盆花价格相同，百合放在客厅马上就美丽芬芳，盆栽不但要每两天浇水，还要每月施肥，很是费工，但是百合最多开 14 天就得丢弃；盆栽虽然每年开一次花，但会不断成长，还可以分枝繁殖。

我选择培养盆栽，你呢？

本章关注：

在广告这行，优秀的人离去的主因，是因为他觉得没有要好的工作伙伴和足够的朋友，没有足够的良师益友就会不快乐。

我认为当一个人至少拥有 20 个深交的伙伴时，他是很难被外界打动的，而且他的工作成果一定很好。为什么没有那 20 名深交的工作伙伴？原因可能是：不合理的工作量、不公平的待遇和批评多于称赞。当你长期无法休假时或觉得公司有不公平待遇时，请告诉你的老板。当你很久没有称赞人，请称赞自己或找机会赞美别人一下。

最细致的制度、最严明的奖惩、最高效的管理，都不能保证创造最愉快的工作环境，只有最热情的工作伙伴才能保证。

生存之道

人性总是喜新厌旧的，要保住客户，要让自己永葆生命的喜悦，就要有“随时随地再开始”的能力。

这几年来，每次新客户来洽谈新生意的时候，我总是会问他对之前的代理商有什么不满。大部分的答案是：“没有犯什么大错误，只是有点皮了，没什么新意，想换换代理商，看看有没有机会突破。”后来，我们拿到了订单。但相同的“报应”也经常发生在我们失去老客户时，不熟的客户会说一些我听不懂的政治说法，真正的熟客户则会诚实告知：“你们实在皮了，没什么新意，休息一下吧，让别人试试吧。”这种情形，被我称之为“黄脸婆效应”。尤其现在年景不好，革命情感只能放在心中珍惜，但现实的销售才是最实际的考虑。

前阵子，我在电视上看到一个属于深度报道的节目，探讨婚外情。一个被打上马赛克的第三者回答道："有时候我也很纳闷，他太太这么美丽，他为什么还有外遇？我一点也不比他太太漂亮，更不比她有才气，我想我唯一胜过他太太的就是我比较新鲜吧！"

在另一个分析政治的电视节目上，一位名嘴预测"泛蓝军"最后的结果，因为人性的悲哀，必然是互残恶斗终于溃不成军。他说他做了 20 年律师，帮人打过上千个官司，其中有利益冲突的陌生人很少，大都是夫妻、兄弟、亲朋好友反目成仇，亲近的人之间的利害冲突，反而比陌生人之间的利害冲突来得更加激烈与无情，这是什么道理呢？

我们应该承认，自私是人性的一部分，因此常是宽以待己，严以待人，一方面贪图外面世界的新鲜来满足自己的好奇心，一方面自己却又无法提供给别人新鲜的感受。也就是对外是"喜新厌旧"，对内是"喜旧厌新"，在要求别人"求新求变"的同时，自己却无法"求新求变"。

随时随地再开始

2016 年，我们为了保住施格兰 1801 的比稿，将 1801 定位于前卫流行，为了讨好一群年少得志的少壮派消费者，创意总监继武提出这样一个创意概念——“老了该死”，我不喜欢这个表达，但我同意它背后的内涵，若要有所改变，往往必须“置之死地而后生”。我喜欢早期做的盖世威（K.Swiss）的品牌主张——“历久弥新”，这是左脚，这是右脚。盖世威的样子21年来都没有变，“隽永的好样子”这张稿还挂在11楼Room A的门口继续为奥美“加持”。我更喜欢以前麦斯威尔随身包的主张：

“随时随地再开始。”

喜悦之道

无论是悲是喜，人生的每一个当下，都是全新的开始，现在的悲伤，过一会儿就是过去，现在的荣誉，过一会儿也是过去。如果我们真的想要活在当下，保持身心愉快，想要即使到老的时候，也依然是个可爱的老人，就必须随时随地再开始。

这是一种喜悦之道。

三年前，李景宏向我推荐了一本好书，书名叫《活在喜悦中》，今年，裘淑慧为我找到了另一本好书，其中一个章节讨论如何拥抱新事物，也有一些启示与共鸣：

> 当你做新的事情时，你会变得很有意识，并能觉知到当下的这一刻，因为你将注意力放在那上面，并能全然地

> 警醒。做新的事情让你的身体振奋，更有活力。许多人宁愿选择一些涉及危险或令人紧张的工作，以便体验让自己存活所需要的觉察力与注意力，像赛车手、攀岩者、走钢丝的人。若是落在日常的工作生活中，改变作息的惯例，早一点起床，或晚一点睡，下班回家做一些不一样的事，做出一些不太重要的小改变也能使人得到一种活力澎湃的感觉。

我想：也许我们所在的行业开始时也像冒险家，非常刺激，但做了三四年的广告之后，就会觉得广告人的工作其实是例行的开会、整理、讨论、发想、提案，不断循环，其实人生就像向上环绕的螺旋，你一次又一次地在其中转圈子，你常常会面临相同的问题，只是每次都会从一个更高的视角来看这件事情。文学家在文法的限制下，创作出不同语气的文章；画家运用三个原色，创造不同风格的色彩；作曲家在声乐的纪律中，创造不同格调的乐谱；科学家在数学的规则里，推演不同的道理。广告这个行业也有着相同的本质。

生存之道

不断翻新重生的道理，不但是人类文明进步的真理，也是所有生物的生存之道。人之所以能继续生存，是因为人的细胞能不断分裂，不断复制，重新组合新细胞。这种不断的新陈代谢让我们保持年轻继续生存，直到我们的新陈代谢有了问题，于是不能真正翻新，我们终于衰老而死，这是自然界的生存之道。

最后在此节录一首歌歌词的一个段落，来自帕妃（日本女子组合 PUFFY）的《这是我的生存之道》[①]：

最近在你和我两人之间，感觉不错
不好意思，感激不尽
从今以后还请多多照顾
慢慢、慢慢地在过程之中好戏不断
相伴走到最后一刻
谁也不可以中途来打岔
树上刚摘下来的水果非常的优
我们最好能一直像这样子
不论经过多久，仍新鲜
唱到这里，再见

① 中文歌词译者为姚谦。

本章关注：

人性总是喜新厌旧的，要保住客户，要让自己永葆生命的喜悦，就要能够“随时随地再开始”。至于发生“黄脸婆效应”时，要如何应对呢？“随时随地再开始。”

人生的每一个当下，都是全新的开始。我们要活在当下，保持身心愉快，必须随时随地再开始。

当我们做新的事情时，会变得警醒有意识、对当下有觉知，会让身体振奋、更有活力。一些小改变能使我们活力澎湃，我们要拥抱新事物，活在喜悦中。

工作久了会感觉像例行公事般循环且疲乏，常常面临相同的问题，但我们可以进步到以更高的视角来看事情。文学家、画家、作曲家和科学家，在各自的限制中推陈出新、超越日常，广告这个行业也有着类似的本质。

“不断翻新重生”，是人类文明进步的真理，是生物的生存之道，也是我们的生存之道！

附　录

如何做咖啡广告

我从 1984 年接触麦斯威尔，1996 年开始做左岸咖啡馆，2009 年服务 City Café。32 年来，聆听过数十次调查讨论，思考上百个提案，过目上千个作品，终于有些心得，在此分享。

人生的美好故事，并非来自遇到什么事，而是你遇见什么人。

在服务麦斯威尔期间，我遇见了孙越。孙越连续四年担任麦斯威尔咖啡广告的代言人，让台湾成为全世界仅有的两个打败雀巢咖啡的地区之一，孙越先生在这期间，也从一个专演坏人的演员升华成一个真正的慈善家。我刚认识孙越的时候，他是个烟不离手的老烟枪，没想到他竟然成为推动戒烟的最活跃的推手。在第二回续约时，孙越告诉我们，他不但已经戒烟而且将全身心投入公益慈善事业，身为一个推动公益的人，他的百万片酬不仅不要聪明合法地避税，而且还要正正当当地全额缴税。

孙越先生是一个真正的慈善家，真正的好人是这样的：人前是个好人，人后也是个好人。

2000 年，左岸咖啡馆开始有点名气，统一企业的前总裁林苍生先生交棒退位，这个品牌获得他的青睐，他希望在放下总裁的许多事务之后，能亲自参与左岸咖啡馆的品牌推广，他对左岸咖啡馆的偏爱，来自他认为左岸咖啡馆是统一出品的最有品位的品牌。

记得有一天，他和我们品牌小组开会的时候特别申明："我是想真正参与左岸咖啡馆的作业，希望你们能将我当作品牌作业小组的一员，而不是客户的总裁！"但是，我们却做不到，处处遵循他的意思不敢违背，想当年，我们提"左岸咖啡馆"这个品名的时候，林总还很不赞成，认为左岸是指中国大陆，应该取名为"右岸咖啡馆"，却遭到我们坚决反对，那时他高高在上，遥不可及，如今他如此亲近，我们反而心有余悸，不敢说真话，有一天林总打电话给我，告诉我：他感觉到我们无法将他视为一个正常的工作伙伴，而他的位置也不适合与我们在一起畅想左岸的创意。当下，我的心里一方面感到自责与内疚，另一方面却不禁觉得轻松起来，从此，他离我们远去……

接着是 City Café 的故事。7-ELEVEN 连锁便利店总经理陈瑞堂，当年他还是协理，那天他忽然"召见"我，原来是读了

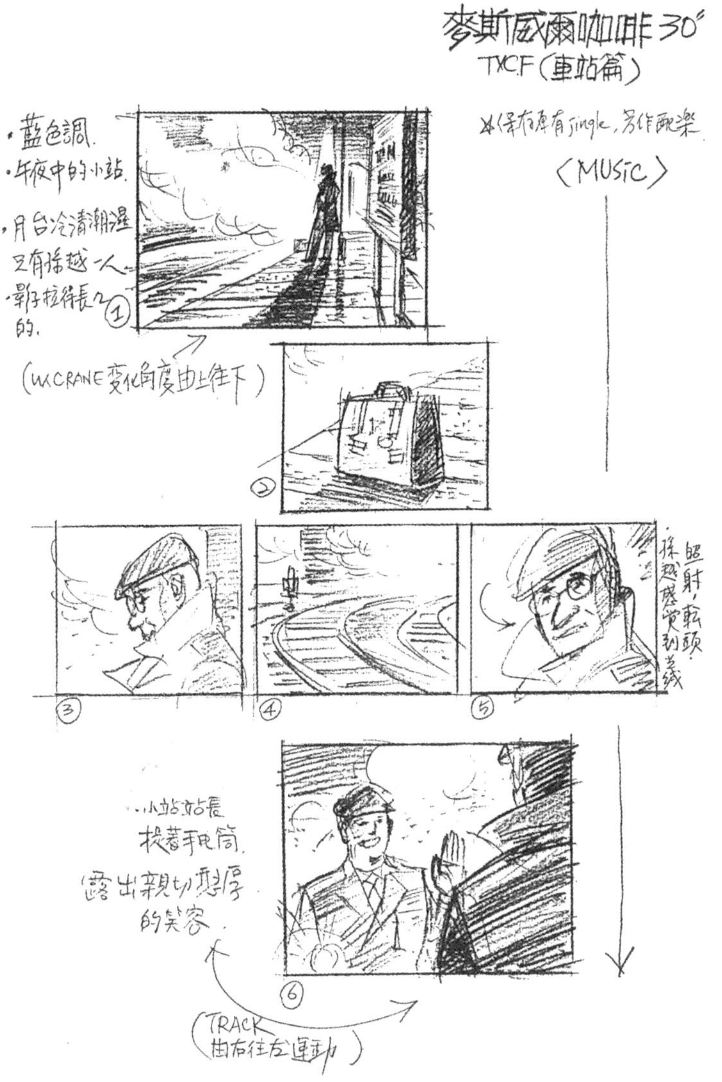

麦斯威尔广告当年的设计分镜图

我在奥美《观点》杂志上所分享的“如何做咖啡广告”，觉得很受用，希望我能为 City Café 有所贡献，并且立即召唤了广告负责人来洽谈移转这个生意给奥美，可是我婉拒了这个生意，因为 City Café 才刚刚比过稿，另一家广告代理商刚开始正式服务，我认为应该尊重商业比稿的游戏规则。两年之后的另一场比稿，我们赢得了 City Café，并从此服务了 10 年之久。“城市探索”，在这个城市的每个角落都是 City Café 的咖啡馆。

该是你的，终究就是你的。

以下就是我的分享。

了解咖啡的本质

一、人们喝咖啡的动机，一直不变

提神：咖啡起源于 11 世纪阿拉伯人的提神药用饮品。

品尝：15 世纪，土耳其入侵欧洲失败，咖啡却征服了欧洲人的感官，成为一种口感与嗅觉的精致享受。

放松：这种享受发展成咖啡文化，产生一种让人放松心情的气氛。

社交：这奇妙的气氛有助于人与人之间的对话沟通。

二、咖啡的饮用时机

咖啡是很奇妙的商品，一方面能提神，一方面又能放松，因此相同的人，会在一天不同的时间，因为不同的理由，而饮用相同的东西。

早晨，一杯咖啡开始忙碌的一天，许多人早晨没喝咖啡就觉得一整天无精打采，这种心理因素让早晨必备咖啡成为一种习惯，想要拥有一群忠实饮用者的品牌，早餐时间是最好的接触点，也是茶唯一无法取代的时机。

白天，任何一个可以偷闲的时刻，无论是精明的上班人士，或是贤惠的家庭主妇，咖啡都是暂停休息一下的最佳伙伴。

对于那些拥有整天自由时间的文艺工作者，以及整天等候商机的店员，咖啡可以伴随一天的工作，前者借着品尝与思考来激发灵感，后者借着品尝与幻想来打发无聊。

晚上，人们选择特别的地方和特别的人喝咖啡，在人、地、时、事组合而成的空气之中，用咖啡来点燃友情与爱情。

对有些人而言，深夜反而是一天的开始，就像早晨一样喝咖啡。

如何定位咖啡品牌

定位就是在某种饮用动机之下，提供什么差异点来取代消费者原来所饮用的商品或品牌。

一、找到饮用时机的切入点

一般商品从目标对象的数量来开始定位与思考，咖啡则最好从真正了解自己产品的质量开始。因为咖啡的本质是：不同的人却有相同动机，相同的人也有不同的动机来喝咖啡，所以品牌拥有一个动机与时机去真正让消费者记住自己。

因此，我们必须确定自己的产品是在哪一个动机与时机中具有竞争力，而且这个竞争力可以取代在这个动机背后的时机上所饮用的商品。让所有人绝对提神的咖啡，比让一个女人专用的咖啡更有启动思考的能力。

二、如何找到产品特质的差异点

有三种客观因素：

咖啡原料：例如，百分百阿拉比加豆，稀有的蓝山山脉豆。

制造质量：例如，冷冻干燥瞬间凝香，原木炭烤烘焙。

以上两种差异点只能当作新闻一般，只能抢在别人之前大声地说一次，因为这种差异点通常很快就会被竞品赶上，因此，产品的特色最好是从口味的特色切入。

咖啡风味：来自三种感官的鉴赏。

1. 无法抗拒的咖啡香。

2. 不苦不涩的顺口。

3. 百分之百的浓郁。

通常产品若能有真正显著的产品力，将很容易延伸出有意义的感性利益点。

咖啡广告如何让人充满食欲

所有咖啡广告的终极目的，都是企图让消费者觉得这杯咖啡是一杯最好喝的咖啡。咖啡属于食物的一种，于是和大多数食品广告一样，咖啡广告也要追求食欲感。

1. 天气越冷，咖啡越热，也越显食欲感。火炉边的咖啡一定比沙漠中的好喝。晴天不如雨天，雨天不如下雪天。

2. 古朴感比现代化更有食欲感，有些类别越新越好，如服饰、手机；有些类别越旧越好，如酱油、美酒，咖啡属于后者。19 世纪的咖啡比 20 世纪飞机上的咖啡好喝。

3. 马克杯，甚至保温瓶的瓶盖，都比皇家御用的磁杯显得有食欲，商品是加酒调制的咖啡除外。

4. 咖啡装在蓝色的包装或深蓝色的杯子里，经测试显示，这样最能给人们高级的感觉。千万不要将咖啡放在咖啡色的咖啡杯内，那样会让人毫无食欲。

5. 黑咖啡比加奶精的咖啡更有食欲感，虽然九成以上的人饮用添加牛乳或奶精的咖啡。

6. 搅动中的咖啡比一杯死静的咖啡好看。加上气泡或泡沫就显得更加可口。没有打散的牛乳可以是最佳的装饰品，要学会善用。

7. 刚煮好的咖啡比放置一小时后的咖啡更有食欲感。运用水蒸气制作的香气形象比香烟更真实可信。

8. 真实的照片比人工的图画更有食欲感。适当的原始材料可以增加食欲感，咖啡原豆可以让咖啡好喝，正如生菜、蕃茄可以让汉堡更可口。

9. 声音能刺激食欲，煮咖啡的沸声、动人的古典音乐、轻啜声都可以直入消费者的脑海深处。安排巧妙的音效往往比大声嚷嚷的旁白更有说服力。

10. 闻香的动作往往比喝的动作更有食欲感，呈现咖啡准备过程也是聪明的选择。此外，将咖啡放置在食物如饼干、干酪旁边的场景，也能增加食欲感。

有关广告策略的策略性思考

1. 20/80 的道理，绝对适用于咖啡类别，真正的“咖啡爱好者”平均每天喝 3 杯咖啡（美国市场在 20 年前就已经是平均每天每人 3.5 杯），每周 20 杯的爱好者，比每周偶尔喝两杯的即兴者多出 10 倍的销费量。对这些真正的“咖啡爱好者”而言，咖啡是没有季节性的，即使在夏天，他们还是每天喝 3 杯。拥有真正的咖啡爱好者，才拥有市场。

2. 关于咖啡的新闻点非常稀有，一旦产品有新闻，千万别错过。当新口味的产品延伸，应针对口味的特色进行沟通，是浓烈的味道，还是温和的口味？说出来以方便消费者选择。如果你的新产品毫无特色，那么选择“香”作为切入点，将是个八九不离十的最佳选择。“咖啡香”是咖啡整体质量的指针，正如买鱼时，明亮的鱼眼是新鲜的保证。

3. 饮用咖啡通常不只是一种感官的享受，而是一种感性的经验，因此广告所扮演的角色，应该是提醒消费者这种美好的经验。只有当你的咖啡和别人一样好时，情感丰富的广告才能注入一种神奇的“迷药”成分，让相同的咖啡变得非常的香、醇、浓。

如何让咖啡品牌有魅力

一、创造品牌独有的传奇

为品牌打造一个品牌故事，正如麦斯威尔咖啡在美国有罗斯福总统品尝后的感言：“香醇至最后一滴。”（Good to the last drop.）在台湾有孙越丑角的奇迹：“好东西要和好朋友分享。”或是创造一个品牌传奇，正如左岸咖啡馆源自“19 世纪法国文人会集的咖啡馆”，历久弥新的传奇故事，让品牌就像有神迹的庙堂，挤满了前来朝圣的信徒。

二、创造品牌独有的风格

咖啡品牌必须拥有“迷人的风格”与健康食品需要有“令人相信的理由”处于相同的层次，却是不同的道理。因为咖啡的好其实是无法说服人们接受的，而必须采用引导的方式，创造独特风格正是引导的手段。借着独特风格提供给人们一种未曾感受过的感觉，不但能在众多广告信息中脱颖而出，并且能使人们对这种风格产生“一见钟情”的效果，因此也节省了传播经费。

三、坚持提供一个真实的好产品

人们总是能够学会分辨什么是好咖啡，正如红酒一样，由奢入俭难。一旦在高档的场合中或专门的咖啡店里体验过地道的好咖啡，这些香、醇、浓的感官快意总是会使人们念念不忘。消费者天生有能力辨别咖啡的好坏。

因此，“杰出的咖啡广告，将加速劣质咖啡的消失”。

最后，一个提醒：不具相关性的咖啡广告，经常失败。

避免采用结婚、毕业典礼这类关键时刻，来宣扬咖啡。人们用酒来庆祝，不是咖啡。**一个人喝咖啡是品尝，两个人是分享，一群人喝咖啡将失去咖啡的感觉，变成一个没有味道的咖啡广告**。此外，避免用方便及低价作为主要诉求，因为省事与廉价等于明示着这是一杯味道很差的咖啡。

最后的最后，我要套用一句古老的英文教条来结尾："Rules are for the obedience of fools and the guidance of wise men."（所谓的规则，愚者遵循不疑，智者引以为戒。）

记住这句话，"滴滴香醇，意犹未尽"。

如何做方便面广告

我们这行的人看见我，总是会联想到左岸咖啡馆、心情故事、麦斯威尔、易利信，甚至记得 March、X-Power。但不会有人记得“小厨师”。如今，它依然躺在方便面货架的角落，默默地销售着。

许多年前，小厨师是我参与的第一个从无到有的品牌。曾经红极一时，随着客户家道中落，被迫连厂一起卖给新的“养母”，从此，我再也没看见它被好好照顾过……虽然如此，它倒是能凭着自己特有的口味，自己照顾自己，活到今日。我当时的创意伙伴——丁香，说是按着我的长相，画了一个“小厨师”的品牌人物放在包装上，我也成了广告代言人。但我怎么看都不像自己，倒是颇像如今盛名的康师傅，只不过小厨师比康师傅早生了 5 年，这应该是个巧合吧。

丁香所绘小厨师图像

这是我要分享的我做方便面广告的第一个心得：当你的品牌拥有一个非常具象的视觉形象时，它将确保品牌被深深地记住。就像阿 Q 桶面广告中的朴实、贪吃的高中生——阿 Q，以及维力手打面的张君雅小妹妹，借着这些具象的品牌人物，不但能够强化品牌独特的个性，也能够节省广告的成本，因为每一支广告都将累积广告资产。

“能被累积的就是一种投资，不能被累积的，只是一项费用。”

对于方便面这个类别而言，“知名度”十分重要，因为所有关于口味的选择，只有少数人会在进店前有些定见，但真正品牌的选择，都是在面对货架上众多品牌的那一刻。你的品牌名必须在消费者的潜意识之中，与其他品牌竞赛，优胜者才能进入消费者心中的品牌排行榜。偷听一段他们在周末聚餐的谈话内容：

“我们去哪儿吃啊？”

“你想吃什么？”

“日本料理还是法国料理？”

“不，就吃牛肉面吧！”

“那我们就去阿 Q 餐厅好吗？”

“那里的红椒牛肉面还不错。”

“那个老板——阿 Q，你记得吗？好有趣的一个人。”

再重复一次！一个具体的视觉形象将帮助品牌迅速建立知名度，只有深度的知名度才能帮助你在关键时刻引爆定时炸弹进行销售工作。下面，我将分享 9 个做方便面广告的陷阱。从此，你不必像我一样，千辛万苦，历经沧桑。

一、以为虽然产品不够好吃，但可以运用杰出的营销手段与绝对具有销售力的广告来弥补

事实上，会是相反的结果——“广告加速拙劣产品的死亡”。在方便面这个类别，这更是显而易见的真理。因为人们选择方便面品牌，唯一的理由就是好吃，不会是营养、健康，不会是因此

更加尊贵，不会是借此表达独特的个性。判断好不好吃，是人类天生的本领，吃过就知道，不像一般日用品，在使用洗发水时，我们不能判断是否温和不伤发质，也无法知道是否能滋润发梢，我们甚至无法确定这是天然的气味，还是化学的香味。因此，做方便面还在思考“说服消费者信服其独特的消费主张”（Reason to believe）的营销人员，基本上是浪费公司的资源——时间、精力及金钱。

人们会因为好吃而大排长龙，即使如此不方便。所有方便面都一样方便，如果没别人好吃一定会被淘汰。我们或许为了生意，表现服务的热情或对上司表达勇往直前的信心，假装高潮。而消费者没有“国王的新衣”的问题，不够好吃的方便面，将被“具有绝对销售力”的广告吸引，经消费者大量试吃后，迅速地被取代，并从市场上消失。

杰出的广告帮助社会进行环保的工作，早点去除不好的，留下最好的给人类世界。

二、将方便面视为生面条的仿冒品

我们可能有这样的推测：人们因为没有时间去面馆吃面或懒得在家煮面，才会去买包省时又省力的“方便”面。事实上不是这样的，速溶咖啡也许确实如此，人们因为没有煮咖啡的器材，或者懒得自己煮咖啡，因此贪图省时省事的速溶咖啡，而得勉强接受比较不香不醇的咖啡味道。随着时代进步，煮咖啡的器材变得更容易、更便宜、更普遍，甚至当出现更多的咖啡馆的时候，速溶咖啡的整体销售量逐渐下降。

方便面却没有因为微波炉的普及而减少，也没有因为餐厅的成长而减退。因为方便面不是生面条的方便替代品，方便面有它独特的美味：那种汤汁渗入面条的口感是一般煮面“汤是汤，面是面”的口感无法取代的。

因此如果将方便面拟人化，他绝对不是复制人，也不是变种人，他只是不同的人种，他不必自卑，他应该以身为方便面为荣。

那些专门研究如何让方便面变成很像一般煮面的营销或研究人员将是逆水行舟，一路吃苦受难。

三、盲目跟随健康的趋势，将方便面定位于健康的需求

虽然方便面是不含防腐剂的，但人们总是误会它含防腐剂。大部分方便面确实是油炸的，但如果这些会是销售的障碍，那么香烟早该在世界上消失。人们不会因为方便面变健康而购买，反而会因为过分强调健康而怀疑它的美味。我曾经策划过一个添加综合维生素来补强方便面的营养成分，以便将方便面推向正餐食

用，并取名为“超级面”的个案，现在想想幸好当时没有推出，否则只会浪费客人的资源在一个没有前途的品牌上。营养、健康绝不是这个类别的核心利益。方便面的口味和零食的口感一样：油炸的、重口味的，才会有令人上瘾的魅力。

“瘾”，这个东西，就是保证不断重复购买，使重度使用者持续增加的好东西。

四、只是为了改变而改变，为了口味创新而创新口味

在这个年代，“优良传统”变成一个贬义词。“不断改变”已成为一个十分流行的口号，人们从“害怕改变”渐渐变成“害怕不改变”，终于为了改变而创新。但食物这个类别，是人类基本的需求，也是人性的一部分。人性，基本上是不会改变的。

“虽然人们在吃东西方面往往抱有冒险尝试的心态，但大多数人仍然不愿试验全新而不熟悉的食物。”

20 年前奥美神灯系列

6 年前，我和统一的好伙伴上市一些非常有创意又十分好吃的全新口味，现在都已在市场上消失，但不是卖光的。

第一届台北牛肉面比赛，最佳创意奖的牛肉面的生意，一定比不上老店——桃源街的牛肉面。

请问你会因好奇而购买以下口味的方便面吗？

西瓜汉堡面

咸蛋奶酪面

荔枝贡丸面

豆花鸡精面

请问你会因太熟悉而不购买以下口味的方便面吗？

台南肉燥面

老王牛肉面

四川麻辣面

福州鱼丸面

以上这些看似老套、无趣、陈旧无奇的口味，是不是还比较有食欲感呢？

有些东西越新越好，汽车、计算机、手机、美女……

有些东西越老越好，酒、古董家具、酱油、朋友……

方便面的口味呢？

五、企图扩大市场，过早教育人们将方便面当作正餐

方便面类别的竞争范畴，不是餐厅、面馆，而是点心店、小

吃摊。点心消夜的食用时机，20 年来没有太大变化。我们可以在最不得已的情况下将有调料包的方便面当作正餐，但不必真的将此作为推销的核心主张。我们可以视正餐的食用是一种美好的月晕效果。

方便面广告的主要任务是，刺激人们想吃你的牌子的方便面的食欲。这种食欲源自广告是否能营造一个和快餐面食用时机非常相关的氛围，当观众或读者被引诱进入这个氛围时，你只要轻声地告诉他你的产品的特点，他就会在下回去超市时，购买你的方便面。

因此，我们必须很明确地知道，方便面到底是什么？是点心，要抢市场就要抢包子、馒头、红豆汤、八宝饭、蚵仔煎、蚵仔面线的市场。人们处于不同的情绪中时，会想吃不同的食物，喝不同的饮料。失意的时候，想喝杯米酒。想念的时候，想吃块巧克力。无聊的时候，想吃袋洋芋片。什么时候想吃泡面呢？

如果真的要进入正餐市场，则必须要在产品内容方面有整体思考的重新组合，来符合正餐的需要。

六、建立品牌后，盲目地进行产品无限延伸

无限延伸，虽是美好的希望，但不是我们的选择，试想有哪一家商店的货架上会有同一品牌的 20 种口味？最多 7 个口味。

因此，我们虽然应该积极努力地不断开发口味。但我们的目的是开发出更好的口味，来取代同一品牌在货架上的最后一名，借着不断新陈代谢，来提高我们产品的竞争力。

其实，成功方便面的口味，很难被调整，因为人们已经习惯这个口味，往往第一个成功接触消费者味觉细胞的口味，对广大的消费者而言，这不只是习惯，而且是一个标准典范：多一分则太重，少一分则太淡。

从投资回报的角度，改进主流口味会比发明全新口味的收获大。

但要如何延伸我们的品牌魅力呢？

成功的方便面品牌，随着时代进步，要定期检视并改良包装容器的现代感，借着不同的容器进行产品的延伸扩张。根据容器大小来定位的品牌，将是划地自限。那些特殊的包装及特别的容量只是暂时独特的竞争力，这种优势将很容易被复制追上。此外，要保持品牌新鲜，最简单又有效的方法就是在包装美学上不断进步。

七、认定方便面既然是一种食物，主要的购买者当然是家庭主妇

现代的家庭主妇，已经不像过去那样“独裁”与“本位”。

她们也许能主导正餐的内容，但她们也非常尊重家人对点心的偏好。她们会询问家人的意见，观察家人的行为。哪些品牌或口味的方便面最先没有存货，那就是她下次会重复购买的品牌或口味。

方便面诉求的对象应该是用功打电玩的儿子，是过度加班的先生，是念佛吃素的母亲。家庭主妇真正会自己决定的是快煮面或久泡不烂的假方便面。

八、上市新品牌时，过度迷信运用整合营销传播可以保证传播效率的提升

有些商品，特别是高风险、高关注度的商品，应该在上市期间大量使用不同媒介，在不同的接触点，传递不同的信息，以追求“1+1>2”的传播效果。而这个“1+1>2”的传播效果，来自我们对消费者在购买的过程，进行足够而且有意义的沟通，因为对于高风险、高关注度的商品，若不能同时解决购买障碍，或无法让人们的安全感高于风险门槛时，将无法实现销售。

于是，这种类别的商品上市时，绝对需要运用多种渠道，进行整合宣传，但对方便面这个类别，最有意义的信息，就是“到底是怎样的好吃”。在这种印象尚未完全地“种”进消费者脑海之前，任何其他的信息沟通都会只是花边信息，事倍功半。此时

此刻，最有效的方式仍是通过大众传播，运用广告进行单一信息的宣传，也就是所谓“定位”的基础工程。

因此，在数字时代尚未征服传播世界之前，如果你要推出方便面新品牌，在预算有限的时候，考虑只投放广告；在预算无限的时候，应该先放广告。至于在大众媒体广告的媒介选择上，电视的声光效果对于讲究食欲感的方便面依然是最佳的选择，即使是平面，或是广播都应该思考如何创造充满食欲感的气氛与联想。正如美国广播广告协会的口号：“我在收音机里亲眼所见”。

九、十分坚持要有吃面的画面，或十分坚持不要有吃面的画面

事实上，“听的镜头”不会让广告变得没有销售力，但也不能保证让广告有销售力。然而，过度依赖吃面的镜头来保证类别的相关性及食欲感，将使我们从追求卓越创意的过程中有所分心，甚至有所懈怠。话虽如此，但是我们也不可低估吃面示范的必要，或歧视吃面示范的威力。

让泡面看起来好吃的手法，已不算秘诀，那就是：

1. 特写再特写，黑色的碗边，通常让面色更加吸引人。

2. 动感再动感，升腾的水蒸汽，汤汁起泡泡，筷子夹起筋弹的面条……

3. 找吃相最好的人吃面。但，不一定是帅哥美女，因为吃相往往是帅哥美女最不上相的镜头。要找一个贪吃并且吃相非常有感染力的演员。我们都有这样的经验，本来没什么食欲，但在和某些朋友吃饭时，却不由自主地吃了许多。因为真正爱吃的人，总会传送一种正面积极的脑电波，并传染给你一种莫名其妙的想吃的欲望。

接着，为读者奉上“如何做方便面广告”的 10 点心得：

1. 运用具象的视觉来加深人们的印象，视觉沟通直通人类的潜意识。

2. 除非找到一个比竞品更好吃的口味，否则千万不要上市。人们只会在第一名的店里排队。

3. 专心研发方便面专属的卖点，不必抄袭生面条。梨子和苹果长得有点像，但有不同的口感。

4. 人们选择最好吃的，而不会选择最健康的快餐面。即使是“大补贴”重度使用者，常吃的原因是喜欢“补”的口味。

5. 人们容易对熟悉的口味上瘾，参考餐厅卖得最好的口味来研发。

6. 方便面未来也许可以演进成正餐，但目前要以点心为竞争的范畴来思考策略。

7. 方便面在口味上应不断推陈出新，但目的在新陈代谢；在包装上进行不同食用时机的延伸及包装美学的领先，才能达到扩大品牌占有率的目的。

8. 方便面最重要的目标对象不是家庭主妇，而是食用者。

9. 电视广告仍然是创造方便面品牌最有效的媒体。

10. 冲泡示范及满足的吃相是个选项，视情况而定。记得，要有食欲感。

以上 10 个做方便面广告的心得，来自过去的个人经验，不能保证是不变的真理。**以下则是我相信会历久弥新的一个道理，这个道理适合所有的品类，不只是方便面。**

对于所有的广告，我们经常比消费者更早对现有的广告活动感到厌腻，并且轻易地从制胜的关键点移到一个二流但安全的位置。

人格心理学家弗洛伊德认为：人类在 5 岁以前的经验将决定个人的人格。品牌在拟人化的过程中正是如此。可是，我们却经常在品牌尚处于未定性的婴儿时期，就给它替换成了成人的养分，这将造成品牌的人格分裂。

当我们成功上市一个方便面品牌时，千万不可得意忘形，反而要诚实自省。思考造就我们一时成功的真正理由，并借此提炼品牌的核心。同时，我们必须充满智慧地辨识真正的创意。在我们这一行，绝大部分的 big idea 总是源自 small idea。这个充满潜力的 small idea 通常藏在整个广告活动的某一个角落，我们要用功、用心地找到它，提拔它，将它放在最重要的地位。从此，我们耐心培养它，给它足够的钱来发酵，足够的时间来沉淀。如果我们揠苗助长，将导致前功尽弃。

人们需要多次地重复接触，及长时间地深入了解，才会产生真实的忠实度。当我们的品牌拥有相当广度的忠实度之后，所有的好事，将随之而来。于是我们将可以准备走向另一个高度。在这个日子，我们通常会从一个最具独特性的品牌，进化成一个全方位都优秀的品牌。

创造成功新品牌需要“绝对”的创意，养护伟大的品牌需要“持久”的创造力。

虽然未来 5 年，地球人类的本性不会改变，消费大众饮食的习性也不会发生重大改变，但广大的观众、听众、读者将有重大改变，新的媒介将成为新宠并产生新的使用习惯，这也将影响我们做广告的思路与技术。要做好未来的广告，就要从了解新媒介开始，并深度了解亲身的体验。因此再度证实，“学习是永远的现在进行时”，在此与读者共勉。

向桂爷学到的一件事

阿桂喜欢黏着年轻人。成天跟年轻人混，这是他理解新世代的方法。通过汲取你的生活经验以弥补他老人家不知晓的那一块，这也是他调研的一种方式。公司里的小朋友当然也喜欢跟桂叔聊天，没压力又逗趣。

桂叔的平易近人在奥美这个看似深宫的地方，有着你说不上的世代代沟的润滑剂作用。一旦你成了他眉头深锁时找的对象，那时候的黏，便是一种器重了。

——王彦铠，腾讯集团市场与公关部／执行创意总监

当阿桂来邀稿时，他总是低调地说，若你忙，就不麻烦啦！可是我怎么可以不写呢？因为我这一路在广告生涯中跟着阿桂一起成就了许多案子和品牌，他的许多策略观点和说

服的技巧，真的让客户现场折服，直接尊称“桂爷”啊！让我们现场真有面子啊……

一句话让客户做决定

在做市场营销与广告传播时，最怕客户说来个“A+B”，或是以上皆要。大家都知道任务要专一，信息要单一，但是常常就是无法专一。阿桂很会引导客户做策略讨论，一支笔、一面白板，就可以搞定对话，得出结论。

阿桂在策略讨论时有一句名言：“没有选择，就没有策略。”在客户茫然贪心的时候，他常常可以提醒客户做出选择，因为有选择才有策略。

——王蓉平，奥美广告副总经理

将军不能离开战场！

阿桂是少数仍亲自提案的大官！他说：“将军一旦离开战场，刀锋就钝了，就准备被取代吧！”这是我从阿桂身上学到，至今仍奉行不渝的阿桂教条！

——王兴，雅虎台湾副总裁、董事总经理

当一般人醉心于追求成功，相信成功才能带来快乐时，阿桂却在我当 AE 时就教我要反向而行，专注在做什么能带给你快乐上，先把成功忘记。也因为无欲则刚，成功自然会随之而来……我在广告界超过20年，对此铭记于心，回头一看，阿桂教我这简单的道理就是成功之道。

——吕丰余，奥美广告董事总经理

无论是初识还是相知，桂爷都让我相信一个事实：直觉准确的广告人，可以创造任何事情。

——李三水，W公司创始人

我从阿桂身上学到的事说不完，硬要说一件最重要的就是“虚心”。阿桂明明是个“神”一般的前辈，却总是打开耳朵听我们的想法，然后适时提供宝贵的建议。对我来说，阿桂就是个明明很厉害又时时上进的好老板。

——李宛芸，奥美广告策略规划总监

阿桂是我的前老板和多年战友，我们一起工作的时间超过25年，从他身上我学到很多，其中比较深刻的是提案文件的优化：一是标题要画龙点睛；二是逻辑要简单易懂；三是懂得割舍才能突出主题；四是花拳绣腿不如一招毙命。

——李景宏，台湾奥美集团执行长

要靠人性来做生意、卖产品，这是我和桂爷学到的事，也是桂爷每每与客人打破砂锅问到底的点。

人性，带着偏见，高于偏好，看似虚无缥缈的偏执却是交易达成最为关键的指令。这应该就是桂爷让品牌起舞的“黑魔法”吧。

以上为我最大的收获。收获其实还有很多，但从专业上来说，就是这了。

——李颖波，厦门奥美广告业务协理

初识阿桂时，我刚踏入品牌营销领域，第一个产品就是左岸咖啡馆。体会最深的是“一致性营销方针”的实践，它至今仍是我工作的重要思路。

——李鸿彬，僖善国际营销（股）公司总经理

本来要当“奸商”的阿桂，当了广告界的导师，也成了我的好老板、好老师。阿桂是一位很棒的倾听者，不管面对客户还是部属，他最在意的就是找出对方的需求，然后提出策略性的建议，或者至少是一个令人喷饭的答案；无论面对多么险峻的局面，阿桂都能保持他冷面笑匠的风格，并以他超过30年的品牌策略功力与创意鉴赏力，切入问题核心，带领团队激荡创意。

——周月如，奥美广告资深秘书

打 A 中 B，好事往往发生在不直接的路上。

阿桂是当年带我入门的广告策略老师，教了我许多终生受用的东西。其中最重要的一件事是，人性不能只受逻辑思维规划和影响；很多时候，你以为是用 A 信息影响群众，结果大家喜爱你的原因却是 B，因此不设前提的持续观察才是策略王道。沟通和影响力的塑造不是一条直路，好事往往不会发生在想当然的角落。

——林友琴，安索帕全球首席执行官

桂爷是师父，十八般武艺恩惠良多，他教会了我很多武艺。如果要总结一件事，我想应该是“什么是专业”这件事。

——侯冰，深圳开始传播创办人

我可以证明西蒙·斯涅克（Simon Sinek）还没在 TED 演说如何用“Why”激励人们行动前，阿桂就不断倡导品牌必须有价值观。我也可以证明菲利浦·科特勒（Philip Kotler）的《营销革命 3.0》（*Marketing 3.0*）还没出版前，阿桂就说：除了宠物和马，人类只会对人类产生感情。所以，你要消费者爱上品牌，品牌就要像一个人，有个性、有想法，这样才能真正打动人心。

阿桂不善演讲，写书速度也太慢，不然早该名扬四海。

——施淑芳，奥美广告策略合伙人

我向阿桂学习到的一件事，就是如何在废墟中辨认钻石。

那是一堂关于创意评估的训练课程，阿桂大概是这么说的："……不要只盯着一个点子不良的地方看，你要从中找到钻石，然后将它放大，只要它够大，那些不够好的地方就会不见了……"这句话对当年还是个技艺稚嫩的年轻文案的我来说，犹如牛顿的苹果，不偏不倚地击中我的天灵盖儿，眼前顿时豁然开阔，一片坦荡。这句话不仅教会我如何为自己和他人的创意点石成金，也内化成为我创意能力的一部分，日后，更成为我带领团队的价值引导。

——胡湘云，台湾奥美集团首席创意长

阿桂说他的资深主管都可以有一面免死金牌和一把尚方宝剑，也就是说每个人可以被容忍犯一次严重的错误，也可以有一次要求阿桂无条件地听他的建议的机会。

——范庆南，前奥美互动营销中国区总裁

"阿桂，策略如何触发行动？"

"徐军，去咖啡店聊吧，那里美女特别多。"

"呃……可是我被客户催。"

"好惨。哎，你知道你住的酒店每天晚上八点闹鬼的事情吗？"

"我先去拿位子，帮你点好美式 OK？"

（色诱不成就恐吓，策略诡计触发行动）

——徐军，深圳外脑文化创意传播有限公司总经理

学习到最深刻的事：

大部分的人只会对人类产生感情，有些被称为有灵性的动物，也是因为我们容易把它们当人看。所以，要人们喜欢你的品牌，就要让他们把你的品牌当人看：品牌化其实就是拟人化的过程。谢谢阿桂带给我们的知识，这是我听过的对品牌这个抽象概念最简单又精确的描述了。受用无穷！

——翁意晴，奥美广告副策略规划总监

桂爷口袋里有三个三角形，用来分析品牌最深处的策略，就像一个魔方，简单而又千变万化地讲出各种品牌故事。以冬虫夏草的品牌故事为例，这是我这个年纪的男人遇见瓶颈期时的秘密武器。阿桂老师讲完，我默默地决定去买来吃。阿桂说，这是用故事讲故事。

——张冲，广州昭阳和牧场广告公司执行总裁

初次上台简报前，极度焦虑的我在台上会忘词、脑袋里一片空白。阿桂告诉我：写下你想讲的东西，越写思路越清楚、信息越完整，不容易忘记。这个秘诀一直伴随我，非常受用！

——张瀞月，奥美广告人才资源总监

阿桂年轻时候背不好，有一次内部开会时突然发作起来动弹不得，大家都不知道怎么办。他居然小心地挪动身躯躺到会议室地毯上，为了我们心里好过，他面带笑容仰视着我们说：

“没事没事，我们继续开会！”

——梁荣志，荣思广告始创人

我跟阿桂爷学到的最重要的是：Marketing is all about Segmentation & Differentiation.（营销就是市场区隔和差异化。）

我正努力向阿桂爷靠拢的是：深入浅出。

——梁凤妹，奥美广州集团董事总经理

对与对的选择，策略中的策略，问题背后的问题……桂爷教的永远是最正统的知识背后最有启发性的感悟和方法。桂爷给我的不是专业能力，而是提升专业能力的方法。

——许言，雅居乐集团雅韬广告总经理

阿桂可以说是我广告生涯的启蒙导师之一，如果要说我在阿桂身上学到的事，而且只说一件的话，那应该就是他那种永远以孩子般的眼光，对再世俗不过的议题提出哲学性问题的能力，能够适时地提醒他身旁的工作伙伴不忘初心。

——许菁文，腾讯集团市场与公关部总经理

关于做事与做人的哲学：工作时，阿桂老师反复强调“品牌化就是拟人化”；生活中，他身体力行传达出“做人也是在做品牌”。

——郭心悦，叶明桂前特别助理 /

香港城市大学市场营销系在读研究生

无论策略的推演是如何的烦琐复杂，我们始终要记得背后绝对存在于一个再直白不过的人性起始点。无论事物的表象多么极简单纯，我们还是要抽丝剥茧地挖掘各种可能，不可妄下判断。化繁为简，化简为繁，这是阿桂教我的。

——郭震宇，奥美广告业务协理

所有营销工作者都会观察人，但只有阿桂会很亲民、很接地气地进行观察。他可以自然地和陌生人攀谈甚欢。这是他拥有超人的洞察力的秘密。

——陈可立，前奥美广告策略总监

阿桂兵多将广，我何其幸运能近距离地和他共事，担任他 9 年的秘书。

翻出旧光盘，在不确定档案有无损坏的情况下，17 年前的公司大会会议记录居然历历在目，记忆犹新。每场公司大会前他总是躲在公司某个角落写下适合在 30 分钟内发表的小演讲，内容诚实又发人深省。有些他自己可能也忘了，但我乐意为他用键盘敲下这字字句句，保存这些旧东西。

阿桂示范了对基层人员越温暖谦和的领导风范，他也保留了许多差点儿被丢弃的东西，因为他看到了它们发光的那一面。

阿桂最迷人的是他犀利的右脑，这是我想学却学不到的。

——陈舜琦，阿桂前任秘书

蹲下上师：阿桂印象

向阿桂偷学：潜心的服务！把客户的生意当作自己的生意；永远比客户快一步；没有烂客户，只有烂代理商！影响是不自觉的存在，阿桂实属人间罗汉。

——陈碧富，观堂广告创办人

某年某日我在某机场转机去某地参加奥美亚太区大会时，在登机口巧遇阿桂。兴奋之下和他寒暄攀谈起来。不久即感觉到阿桂不安的神情，转而注意到他身后其他排队的旅客，恍然反应过来他不安的原因是在替“插队”的我尴尬……设身处地体会他人的需求与感受，这对于阿桂而言，已经不只是一种技能，而是本能，我觉得这是他之所以能成为营销传播大家的秘诀之一。

——陶雷，摩登天空数字传媒首席执行官

阿桂是我初出茅庐时的伯乐，引我当上大联盟先发的教头，我人生的导师。动笔“阿桂教我的一件事”，脑海里涌现的内容让我萌生念头，似乎该跟出版公司毛遂自荐，出一本《阿桂教我的一百件事》。

信手拈来，阿桂说：

先有交情，再做交易，比直接做交易，再累积交情，更有效率和效果。

他念叨的不是做人处世的“帝王术”。他在谈品牌力，交情就是品牌力，品牌让人偏心的威力。

“别奢想改变你的弱点，缺点难改，把气魄花在强化你的优点上，等你成功了，那些缺点就会变成你的魅力。人类是这样，品牌也是。”

22 岁那年，我最后一关的面试官、当年的总经理阿桂第一次告诉我这段话。接下来的十几年奥美生涯中，他对我重复提了三次，在我低潮彷徨的不同时间点。每一次，他都忘记自己曾经说过。

“strategy”（策略）的核心应该是做出“选择”，选择你不要什么，比选择要什么更难。“marketing”（营销）的胜负，就是选择的艺术。

把“strategy ”跟“marketing ”这两个使叶明桂先生名扬四海的关键词换成“人生”二字，似乎就是阿桂教过我，我最喜欢的一件事。

——曾致暐，奥美广告副总经理

做广告，要有死磕的热情，自虐的劲头。就是要想出别人想不到的点子才算数。工具只是事后诸葛，好奇与好胜才有原创。人们买惊喜感动，不买广告！

——董洽，上海工艺美术职业学院

WPP 学院执行副院长

说话要像讲故事一样动人，写字要像下标语一样精准，做策略要像切腹一样果决，对伙伴要像对爱人一样多情，对工作要像对信仰一样虔诚，对长官要像对父母一样孝顺。

——刘静铃，中华全球市场调查副总经理

我跟阿桂学到的一个方法

用“黄金圈法则”来制定策略：先“why”，再“how”，最后“what”，即先用品牌的信念认同影响消费者，再输出品牌“怎么做”和“有什么”，这个传播逻辑最高效。

——刘丽云，英扬传奇事业部总经理

过了他的眼神，就过了客户

阿桂的眼睛不算大，有时看不出他有没有在专心听你说想法，在那个像《广告狂人》(*Mad Man*) 的时代，还可以在室内抽烟的年代，他常常站在创意部门口，一边抽烟一边谈想法。只要他听到好想法，他的眼睛就会突然闪出很特殊的光芒，然后一闪即逝，就开始追问或演绎更多想法（现在称为整合营销传播），然后会越说眼睛越大！起先我还不太习惯，怎么有这么多话的业务？是来抢话语权吗？但是后来渐渐了解，好的创意是可以延伸的，阿桂一边说也一边帮助我整理创意，也在模拟如何将整套方案卖给客户。

后来我就有底了，只要有那个眼神，就表示创意还不错，而且一定卖得过，如果一次不过，他也会使命必达地找到机会，一次、两次、三次地把创意卖出去！反之，如果没有那眼神，表示该摸摸鼻子回去重新想想。

比稿没准备，也要笑脸相对，把"show"照样演下去

阿桂看起来是非常严谨的人，但是有时候也会忙里出错。有一次去比博客火腿全案，我们在飞机上做最后的审查，突然发现他完全忘了写媒体计划。当时，我们都非常紧张，他转头看着我说："这次的比稿是创意的主秀，创意已经包含了整合营销的所有内容，把创意好好讲完，给我 3 分

钟总结媒体计划，我直接用说的就好，给客户一个惊喜。”我记得当时我听到他的回答，嘴巴张得好大好大……果然比稿的时候，当我把创意讲完，阿桂站起来说：

“我现在用 3 分钟，帮各位把预算花掉。”客户不禁开怀大笑，搞不太清楚是提案技巧还是空城计，总之最后居然还是把生意给我们了。

阿桂后来跟我分享，其实比稿就是一场秀，要跟演员一样，即使灯光突然没打好，或突然忘词，也要镇定而且无缝地把戏自然顺过去。

离开奥美以后，我常常想起阿桂，他的眼神是一种标准，他的轻松和泰然自若是一种风度及自信，而这两件事构成了我印象中优秀广告人的形象，当然最鲜明的就是阿桂。

——郑以萍，阳狮中国中国区主席兼首席创意官

我在阿桂身上学到：人不管到了几岁，都要活得理直气壮，相信自己的信念，拥抱自己的热情所在，但不要害怕接受新的事物。

——戴文玲，奥美广告策略总监

PLAN A:

桂爷是我的专业导师，因为去年（2016 年）来我公司给我

们培训了一次，就成了我公司几代小伙伴共同的导师。桂爷离开后，我让他们用手写的方式写下了培训心得，这里和大家分享一下：

一位从毕业就到我公司，工作了三年的文案：

“讲专业，方法论不是枷锁，是自由！”

“他们总说，自己的广告热情已经被无休止的加班和开不完的会议中磨灭了，可经过桂爷培训后，我想说：是呀，这并不能怪你，要怪只怪你对广告有的只是热情，而不是热爱。”

一个刚毕业的设计：

“广告需要‘黑魔法’。因为我们是人类，人类都爱新鲜事，人类都是喜新厌旧的。”

“桂爷用最简洁易懂的例子，把看起来复杂的理论体系化、简单化，更方便我们理解和记忆。”

“似乎从未听到过桂爷直接批评或者是否定一个点子，再普通的 idea 他都能化腐朽为神奇，他善于提取一切有用的信息，不断优化，再优化。”

一位美女客服经理：

桂爷强调“用 C 打 A 中 B”，改变人的行为很难，首先要改变他们的想法，直接说没有用，要用“奸计”。而桂爷的“田字格”，则把统计学变成了心理学。

一个和我一起工作了 7 年的伙伴，客户总监：

“你能在千万烟火中，看见一个你被感动的、你想成为的、你所敬仰的人的模样，这或许就突然为你前进夯实了力量。”

另一个和一起我工作了 8 年的伙伴，策略总监：

（这里解释一下，他是一个很有审美力的、从不写诗的文青，他是为了把桂爷的各种工具攒在一起，方便各位小白记住才写了如下一段文字。只求先大量记忆，不求甚解，然后慢慢自我消化。）

桂　舔

传道授业又解惑，广告顽童惹人敬
用 C 打 A 才中 B，策略原理最简单
选择合适的刺激，不要忘记那动词
定位好似讲故事，对谁找啥利益点
三个三角三乘三，仔细推演有惊喜
层层利益上阶梯，人人细分用田格

产品市场到传播，物理价值到情感

创意本是有方法，相关看似不相关

平台概念要牢记，网络时代大创意

说啥怎说出要求，梳理真我和洞察

以理劝人有驱动，以情动人有偏好

谁解其中乐与苦，青藤门下为走狗

PLAN B：

很多貌似方法论的东西，其实只是对经验和直觉的一种整理，这是我从自己身上得出的结论，也是面试过几百位总监后的一些感受。称得上方法论的东西，必须讲得清原理，建立起骨骼躯干，再去挂上或生长出鲜活的血肉。我的广告骨骼是桂爷给的，他让我曾经自以为是的广告经验，找到了理顺的路径，所以他是我一生的专业导师。当然，广告肯定有“暧昧”的地带，有“黑魔法”的施展空间，有直觉的强大力量，这也是我身处这一行业的魅力所在。这里老爷子给的不是解决问题的方法论，而是创造氛围、创造药引子的方法，同样极大地增强了我的从业乐趣。至于桂爷身上的人格魅力与感召力，那是另外一个话题，可以写一本很厚的书，这里就不更多地致敬了，桂爷对我最大的影响就是，安神固本。

——戴恩泽，上海大恩文化传媒有限公司总经理

10年前辅大（台湾辅仁大学）广告系邀我返校开设创意课程，我向时任副董事长阿桂请示报告，他不但没有阻止，反而替奥美谢谢我！我以为是谢我去校园宣扬奥美“国威”，结果他说是谢我与学生接触，教学相长，为公司保养自己的脑袋。看一件事情的观点和角度，决定了他的高度。

全联广告第一年成功时，客户问：“那明年做什么？”阿桂说了一个自己柏青哥初体验的故事，当机台突然闪烁、音乐大声响起时，旁人告诉慌乱的他：“不要乱动！中了！钱要出来了！”因为中了，所以我们不要乱动，延续今年的方向。善用比喻的他，把说话变成了一门艺术。

——龚大中，奥美广告执行创意总监

“亲爱的：

这位小姐是我们的明日之星，现在她很无聊，没事好干，请你让她在这里和你们一起讨论，或是听你们讨论，如果有不方便的话，请你直说。感谢你的照顾。

阿桂敬上”

刚到奥美报到时，阿桂给了我这张临时会员证。虽没用到，但它给了我莫大的信心，去找机会跟难搞的创意部的人互动。

轮到我升AM（客户主管）出国去休假，忧心刚来的

AE 孤立无援，临行前制作一个锦囊，内有拜托创意人员无条件帮忙的令牌和 FAQ（问题集）。后来 AE 顺利度过了一人当家的日子。此为我诸多“桂式启发”的案例之一。

——周筱俐，伟太广告董事长兼任总经理／奥美广告 1986—1993